林芙美子
島木健作
岡本綺堂
芥川龍之介等
——著

林佩蓉
張嘉芬
——譯

和日本文豪一起來趟小旅行

十勝瀑布、小諸城遺跡、北海道田野、栃木山景、群馬溫泉……漫步隱藏版迷人景點

目次

寫在前面——他們也著迷的地方景點

◎王文萱（作家、日本京都大學博士）

旅行對人們的生活、生命，意義重大，今昔亦然。旅行可能為了尋找新的定居場所、可能為了參拜心中聖地，可能為了工作、為了家庭、為了返鄉、為了娛樂、或為了啟發自己。文豪們則用筆，記錄了他們各種形式的旅行，讓我們能夠將心靈馳騁於文字，遨遊千里之外。以下就隨著文豪的描述，來趟由日本之北——北海道，一路行至南邊鹿兒島的旅程吧！

北海道，給人們的印象不外乎自然遼闊、氣候嚴寒。林芙美子在〈摩周湖紀行〉當中描述了她沿著鐵路下車的見聞及景色和旅行時的心境。以《放浪記》一舉成名的林芙美子，帶著寫書的版稅，開啟了她人生不斷的旅行——巴黎、倫敦、中國、新加坡、北海道、屋久島……等。她可說是以販賣「旅」為生的作家，甚至是第一位乘坐飛機由空中描繪北海道景色的作家。她總是獨自旅行，文中也不時透露出一個人的孤寂。

北海道出身的島木健作，在〈於東旭川村〉當中所提的「東旭川村」，現今已併入旭川市。作者到旭川拜訪長年的好友M，並在M的帶領之下，觀察當地農村人民勤奮工作的姿態。作者是「轉向文學」的代表作家，年輕時曾參加農民運動，並且加入非合法共產黨活動，因此遭檢舉、起訴，後來脫離運動，改以文學家身分出發。此篇文章展現出了他對勞動階層的關懷。

北海道的日高及十勝這兩個區域，中間夾著日高山脈，現今也是熱門旅遊景點。岩野泡鳴在〈日高十勝的記憶〉當中，分六個段落，記錄了這兩個區域的瀑布、地形、村落及牧場等等。作者曾在北海道過了一段顛沛流離的日子，並將這部分的經歷反映在「泡鳴五部作」（〈發展〉、〈飲毒藥的女人〉、〈放浪〉、〈斷橋〉、〈附身〉）當中。

位於栃木縣的日光，是被群山包圍的小城市。一六一七年，此地建設了祭拜江戶幕府初代將軍德川家康的「日光東照宮」，一九九九年，東照宮與周邊神社寺院被登錄為世界遺產，現今參拜客仍絡繹不絕。田山花袋的〈日光〉，不從東照宮、而是從日光的景致著手。作者詳細描述了峽谷、山脈、瀑布、山珍及海味，以及造訪日光的旅人們。作者以紀行文著名，更因他多次造訪日光，因此留下了數篇以日光為主題的文章。

島崎藤村〈伊香保名產〉，寫的是位於群馬縣的伊香保，此地自古以來以溫泉著名。作者初次拜訪伊香保度假，身邊帶著俳人籾山梓月所贈與的自著書《伊香保日記》。作者簡單地記錄了他與妻子三天兩夜的小旅行，造訪的緣由、途中的景致、旅宿中的料理、以及歸途遇到的事。是一篇讀來輕快的小品文。

岡本綺堂〈磯部的新葉〉，記的是群馬縣的另一處溫泉地「磯部溫泉」。作者為了寫小說，滯留此地，寫下了這篇散文以及其後的小說〈磯部的宿里（磯部のやどり）〉。這篇短文除了描繪五月份下著小雨、櫻樹冒出綠葉的磯部景色以外，還提到了葬於當地松岸寺的歷史人物——大野九郎兵衛。九郎兵衛是江戶前期的武士，在歷史故事〈忠臣藏〉當中被塑造成不忠之臣，作者在松岸寺聽到了九郎兵衛的傳聞，感嘆世間對九郎兵衛只有負面印象。作者後來的小說〈磯部的宿里〉便是以九郎兵衛為題材所寫。

長野縣有許多高地、山脈相連，當中流過多數河川，造成盆地及谷底平原。德田秋聲的〈從霧峰往鷲峰〉，描寫的就是長野縣的「山」。文章中，有慢性病肺氣腫的作者，在高山研究者等人的帶領之下，在下著秋雨的陰日當中，總算登上了霧峰。若杉鳥子的〈淺間山麓〉，則描寫長野縣淺間山腳下城鎮的人情景致。淺間山是座很大的活火山，行政區劃上屬於數個町鎮及村落，其中南麓的大半，屬於著名觀光地「輕井澤」，因此淺間山一般被認為是輕井澤的代表景觀。作者描繪的，則是她所留宿的地方醫院、以及淺間山西南方的「小諸市」，及市內的小諸城遺跡「懷古園」。本書還收錄若杉鳥子另一篇作品〈孤身之旅〉，作者並未明確寫出造訪地點，她描述獨自旅行時，夜晚臨時找不到留宿處，此時碰巧遇上了另一位獨身女性，因此一同到滿是男性旅客的地方借住一宿。文末兩人分道揚鑣的「碓井の麓」，則位於長野縣與群馬縣的交界處。

芥川龍之介的〈槍嶽紀行〉，是一篇虛實交錯的紀行文。「槍嶽」位於飛驒山脈南部，標高三一八〇公尺，位於長野縣與岐阜縣交界。由於形狀特殊，像是朝天之槍，陡峭險峻，被稱為「日本的馬特洪峰」，是登山愛好者們憧憬之地。其實作者早在十七歲時（一九〇九年），便曾與當時的同學們一同登上了這座山。兩年後他寫下了〈登槍嶽記（槍ヶ岳に登った記）〉，記錄當時登山情景。本書收錄的〈槍嶽紀行〉，是作者於一九二〇年發表的，但文中的第一人稱卻是一個人在導遊的陪同下登山。文末作者見到飛行的褐色鳥類，詢問導遊得知是「雷鳥」，文章就此終止。最後作者究竟是否登上了山？此處留給了讀者無盡想像空間。順道一提，作者晚年小說作品〈河童〉當中登場的舞台，便是在文中出現的「梓川」周邊，從上高地至槍嶽、穗高岳一帶。

橫光利一的〈琵琶湖〉，寫的是位於琵琶湖畔、作者小學時代曾短暫居住過的滋賀縣大津市。作者由於父親的工作關係，從小便四處遷徙，但他表示會讓他欣喜而返的地方，只有大津。而作者二十多歲時，每到夏日，也總會回到大津觀光。作者敘述大津之美，尤其是他對於大津的夏日記憶，是一篇細膩描繪大津景色與人文的小品。

田山花袋〈耶馬溪的一夜〉，生動描繪了「日本三大奇勝」之一、位於大分縣中津市山國川中上游的溪谷。此處為石灰質的熔岩地形，被水流切割為溪谷。據說一八一八年，歷史思想學家賴山陽造訪此地時，讚嘆景色之美，歌詠漢詩「耶馬溪天下無」，此地因而得名「耶馬溪」。作者描繪某個夜晚造訪耶馬溪，在山中旅宿停留一晚的經過，並且細膩地描繪了溪谷的各種景致。

吉田絃二郎〈八月的霧島〉是寫作者從本州的廣島縣、山口縣，一路往九州，並且往鹿兒島南下的旅途。可以沿著文章尋找作者所在地的關鍵字——宮島（廣島縣）、下關（山口縣）、壇之浦（山口縣）、柳町（福岡市博多區）、球磨川（熊本縣）……一路直至鹿兒島縣的「霧島」與「櫻島」，最後又往熊本移動。

其中作者在山口縣提到的「二位尼」與「安德帝」，是指平安時代的第八十一代天皇安德天皇。安德帝兩歲就被讓位成為天皇，由於母親為平清盛的女兒，因此實權掌握在外祖父平清盛手上。其後平家與源氏兩門在「壇之浦」對決，平家戰敗，安德帝的外祖母二位尼，便背著傳國神劍、抱著當時五歲的安德帝，投海自盡。安德帝被祭祀在當地的「赤間神社」當中。作者的這篇紀行文，不僅記景、記事，途中還遙想許多歷史，讀來就像走訪了一趟時間與空間之旅。

自然地理、人文風情，文豪們記錄一趟又一趟的旅行，串起一個又一個的生命故事。文豪們的紀行走遍日本國土由北至南的各景點，不僅能作為旅途中的參考，還能讓人省思旅行的意義。

和日本文豪一起來趟小旅行

摩周湖紀行——北海道之旅有感

林芙美子｜はやし　ふみこ

望著這傾盆的暴雨，聽到轟然作響的雷聲，感受這一切激烈而浩大的天象，讓人神清氣爽。俯瞰下方小小的釧路川上游，河水正緩緩流動。每陣雨停歇之際，日本暮蟬就會適時補上蟬鳴。

我在宗谷本線一個名為瀧川的老舊車站下了車。此時已是黃昏，且這片土地上全無我認識的人。我雖已做足充分準備，用旅遊手冊查好每個景點的狀況，卻中途改變主意，打算進入根室本線看看，於是到了瀧川這個轉乘站時慌忙下了車。我走在月台上找了個站務員，必須打聽這裡有哪些適合住宿的旅社才行。原本打算離開庫頁島後直接回東京，所以我的旅費也已經不太夠了。

城裡很冷，穿上毛線衣正好適合。

據站員說，城裡有間名叫三浦華園的旅社似乎還不錯。把行李交託給三浦華園負責攬客的人員後，我就在整片暮色籠罩的瀧川市步行前往旅社。這是個官吏、商人等會喜歡來此駐足暫留的小城市。抵達旅社時，我難以避免地被出來迎接的女員工從頭到腳仔細打量一遍。

或許因為我是女性且又單獨出遊，讓人覺得不可思議吧！洗完澡後，晚餐的膳食雖然擺在眼前，卻總覺得少了些什麼，因此便點了一合[1]酒。不過才兩杯酒下肚，我就很不舒服，再也吃不下了。我鋪好床睡下，一鑽進被窩卻又突然清醒，睡意全消。

我這個旅客粗心大意，在黃昏時分下車，但也已經沒有為我開往根室的列車，雖說是由於我的疏忽才不得已在瀧川住宿一晚，這也是無可奈何的事。枕邊的茶盤上，為在此過夜的旅客放了一小張列車時間表。翻到背面，就發現上面有明治三十八年出版的《命運》一書中，國木田獨步所寫的其中一章。

——「您要去哪裡呢？」一個男人突然向我搭話。

「我準備前往空知太。」

「是嗎？若是您要去空知太，可以去住住名叫三浦屋的旅社。」——

雖然不知道獨步是否去住了那間三浦屋，但想像獨步嗟嘆他那無情無愛、所見所聞皆荒涼寂寞的孤身之旅，意外地讓我覺得有趣，我竟和他身處相同的情境！說到明治三十八年，是我出生的年分，那時的空知想必更是荒涼。

我關了天花板上的燈，打開枕邊的檯燈。想著讀點書呼應我內心無情無愛、荒涼寂寞的思緒，結果卻什麼也不想讀。天亮後我聽到活力滿滿的年輕女孩說話聲，女員工來邀請我說：「我們這裡也有咖啡廳，如果不嫌棄，要不要去坐坐呢？」原來那些青春洋溢的話聲是女侍應的聲音。

我覺得莫名疲累，便沒有去咖啡廳，枕邊的燈還亮著，我就這樣沉沉睡去。隔天早上不巧地滿天烏雲；我搭上九點十五分的火車前往根室線。

空知的風景廣闊無邊，讓我激動得差點無法承受。它的恢弘甚至令人感覺北海道的地圖小得有些誇張，原野竟比天空更加寬廣。途中，空知下起傾盆大雨，三葉海棠的白花發出彩虹般的光。昏暗天色下在田裡耕作的人們都揮汗如雨，讓人不得不由衷感激他們的辛勤。

一早我就搭上火車繼續前行，且這路根室線沒有直達車，隨著火車一站一站停下，我也看遍原野中每個車站的景象。

抵達釧路時大約八點，一走出車站，國外海港也會出現的濃霧在身旁籠罩。

雨和濃霧讓我的眼鏡不時產生霧氣。火車過了帶廣後，轉職的鐵道員一家人和我一起搭車，他們說在城裡步行走走會更有意思，於是，抵達釧路後，這家人在雨中帶著孩子做我的嚮導。

我前往名為山形屋的旅社住宿。雖然是間老舊又充滿海水味的旅店，房間裡卻鋪著熊的毛皮。——無論是走在城裡或是抵達旅社後，每隔三分鐘就響一次的霧笛聲在這夜幕降臨的土地上，都令人感到莫名孤寂。在遠方聽起來，霧笛就像是黃昏時牛在嚎叫一般。我來這裡是為了請《朝日新聞》的伊藤先生幫忙寫介紹信，但我卻沒有去見伊藤先生，而是默默來到旅社。住宿時，我在資料上寫「無業」，旅館員工似乎覺得我很可疑。那位女員工年紀較長，思想也比較傳統。吃過和大多旅社菜色無異的遲來的晚餐後，我在熊的毛皮上伸展全身，這種感覺簡直像是騎在熊的背上，十分怪異。在今天所搭乘列車的餐車上，有兩名剛滿十六歲的少女在那裡工作，我正在寫信時她們過來找我玩，說和我住同一間旅社。脫下工作服的兩人都相當貌美，讓我訝異。她們說明天還會搭十點的火車回函館。我泡了茶，拿出甜點，隨意閒聊一些不重要話題彼此談笑，還聊到她們一個月的工資是三十圓，由父母保管。

泡完澡後我的床已經鋪好了，但熊的毛皮讓我害怕，便把床鋪拉到旁邊的隔間。睡到一半，就因為霧笛聲響而醒來。房間老舊，讓我莫名開始打嗝起來。天亮了，梅雨季般的傾盆大雨狂瀉而下。

六月十六日。

來到北海道至今，總算看到許久未見的朗朗晴空。我打電話給伊藤先生後去吃早餐。要去一個地方多少也該詳細了解當地的情況，我便把自己搭車來根室時做的旅行計劃和地圖攤開來，事先研究好。

伊藤周吉先生相當和善。

講完電話後，我想著是否要先離開這間旅社。來到這裡時，聽說有間名為「角大」的旅社，由曾出現在石川啄木[2]詩中的女士經營，只要叫車就能搭車前往。雖然是在旅社拿的旅遊指南，卻也能感受到旅行的氣氛。

我付清山形屋的住宿費後出來走到馬路上，發現火車的終點站就在旅社前方。或許住在山形屋也是個不錯的選擇，望著眼前看來已經像是肥料倉庫的老舊終點站，我脫口詠出啄木的詩，就像是自己寫的詩一樣：

「終點站下車後，我在亮晃晃的白雪中，步入孤寂的街道。」終點站前的道路一片泥濘，看見這有如下雪過後的風景，我也想起一些事。

啄木詩中描寫的女性原本名為小奴，現在的名字則是近江尋女士，正經營角大這間旅社。這是間簇新的大型旅館，位處舊市街和新市街之間。尋女士說自己現年四十五歲。看到眼前這位名為小奴的女性，我心想啄木和她在一起時年紀應該還算年輕。我也查過，如果他還在世，現在大約五十歲。人們多半會問她與啄木之間說過的情話，相較於此，我更珍惜地專注聆聽啄木是個溫柔的人之類無聊的小事。尋女士個子高大，骨骼突出，但是卻不像一般常見的旅社老闆瘦骨嶙峋的模樣。她帶著美麗女兒的照片來，感嘆著說她已經過世。人們多半會想聽些關於她對啄木的回憶，但我卻莫名喜歡聊著自己女兒的尋女士。

我在這間旅社遇到許許多多釧路市的人。像是研究先住民遺跡的吉田仁磨、名為野尻的詠詩人，還有姓藤井的女記者等，並從這些熱衷研究這座城市的人口中，聽了許多相關的歷史，但我怕自己忍不住想邊走邊拿出記事本做筆記，便打算獨自遊覽此處的湖泊。早餐是尋女士招待的，吃完後，我便早早離開旅館，前往阿寒地帶中最難以捉摸的湖泊一遊。

可能是因為釧路市萬里無雲，天氣很好，所以霧笛也沒有響起。

途中，我經過釧路報社，聽說啄木曾在這裡工作。它以紅色磚瓦建成，以明治四十年左右的建築來說算是相當新穎，然而現在看來卻顯得陳舊，不禁慶幸自己還算年輕。

我也去了鳴響霧笛的知人岬。爬上這座海岬的高處，太平洋炭礦的填海地延續了南邊的防波堤，看起來就像是把整片大海一分為二。在庫頁島時，只能看到鄂霍次克的灰色海水，因此在我眼中，釧路的海閃耀著琉璃般的色彩，或許是因為天氣很好，一眼望去便看到海港中的情景。

立著深紅色煙囪的挖泥船從起重機吐出泥砂，發出猶如大雨傾盆的聲響，不斷作業著。這裡不同於內陸，到哪裡都寒冷透頂。港邊有許多船隻。人人都在談論，大概是聽說厚岸的海上有海軍演習，因此釧路的海也一片熱鬧吧！

到了釧路的車站，看到下午三點半有一班駛向網走的列車，我便決定搭那班車。我還在這裡遇到在角大旅館見過的那位姓藤井的年輕女記者，她說要和我同行，並拿了放錢和雜物用的合財袋和我搭同一班車，這些好人都很親切，令人難以拒絕。

窗外蒼茫的山谷地有許多柏樹。從標茶車站一帶開始下起陣雨。川湯溫泉的站長在車上和我們會合一起搭車，我們便聊起旅行，聊得十分愉快。

「摩周湖很容易起霧，如果運氣不好可是看不清楚呢！」

因為聽說今天大概不太可能看到，便決定去弟子屈的溫泉住宿。

抵達弟子屈有如山中小屋的小車站後，便看到分布在不同高度上各部落的房子早早便開起燈，天空正下著彷彿要翻覆土石的滂沱大雨。我們把行李等所有物品都堆上滿是泥砂的出租車，前往伊藤先生介紹的近水飯店。聽說這棟建築是由一位名為田上義也的人建造的，屬於萊特式有機建築。但以山中的溫泉旅館來說算是深度比較淺的建築物，多少讓人感覺有點像是公寓。我討厭西式房間，便請工作人員帶我去看日式房間。房間的設計很好，與溫泉相連的日式房間為數不少。女員工們都很沉穩且溫柔。

望著這傾盆的暴雨，聽到轟然作響的雷聲，感受這一切激烈而浩大的天象，讓人神清氣爽。俯瞰下方小小的釧路川上游，河水正緩緩流動。每陣雨停歇之際，日本暮蟬就會適時補上蟬鳴。

但我似乎是個不幸的旅人。見到此番景色，我仍然無法靜下心來，對著同行的女性也沉默不語，實在抱歉。

我們兩人一起去泡溫泉。

湯舟在河上突出一部分，是由紅色磚瓦砌成的圓形浴槽。流動的河水映照在黃昏時分的大片玻璃窗上，我便想著，如果四周都是蔥鬱的深遠樹林，想必十分壯觀。飯店外的土地或許還太新，感覺有點像是身處荒地，只有這條河令人感覺生機盎然。飯店的經營者遠藤清一先生一開始雖然也想在庭院種些蔬菜和花，但那座庭院或許更適合讓白樺和榆樹挺身矗立。

泡完溫泉，我打開窗望了望明天要爬的摩周群山。遠遠望去可以看到像沾了淺淺墨水般的比羅尾山、雄阿寒岳和雌阿寒岳。只見群山上方，星與月都熠熠生輝。月亮還是新月。我突然想起，自己離開東京已經幾天了呢？除了書信，我什麼也沒寫、一個字也沒讀，那些信也只不過像是日記，記錄了我每天的心境，真是空虛得不可思議。

一躺上床，女記者就開始聊起她自己的事，我的思緒卻飛到九霄雲外。雨下了整夜。

隔天早上醒來時天空已經放晴，河邊和對岸都能看到初長的水嫩新葉，朗朗晴空似乎讓人連山中林木的陰影都能清楚看見。我拉開拉門，望著這片美麗晴空出了神。

我們隨即準備上山的行裝，飯店的遠藤先生過來，說要為我們導覽。這反而讓我有些不好意思，但我們三人還是愉快地一起走出飯店。他說出租車可以開到摩周湖，十分方便，我們便坐車上山。

這個區域有不少毛漆樹、西伯利亞白楊、白樺、柏木、三葉海棠和槐樹之類的樹木，相較於內陸，植物的綠色比較偏淺色。

聽說摩周山高度約海拔三百五十公尺，湖深只有兩百公尺。從摩周山山腰能看到這座湖，就像一面鏡子遺世獨居。這座猶如明鏡的湖，中心有個名叫卡姆依修、如黑斑一樣的島，看起來就像是浮在湖面上；雲朵飄來散去的模樣，看起來就像我羅斯的電影般十分鮮明；湖面平靜無波。湖的另一頭，摩周山有如刀刃的頂峰，看起來就像隱身在雲中。湖岸是難以爬下的峭壁，從這裡可以遠遠看到地底，因此更令人感覺陰暗。聽說有人丟了紅鮭和螯蝦進去，但這裡不太起波浪，看起來就像是座死湖。腳邊長著山白竹和白樺的新株，風由下往上吹拂。

這個區域稱為阿寒地帶，從我目前身處的熊笹丘看出去，雌、雄阿寒岳的峰頂，以及斜里岳漂津層層疊疊的群山就如全景圖一樣盡收眼底。

那雲中
那雲中如海般繚繞的霧
瀰漫摩周湖上　色彩斑爛
變幻莫測的景像
意趣十足。

這首詩似乎又名摩周湖小詩，詩中描述的摩周湖也未免太令人感慨。我來北海道，想看的湖就是這摩周湖和帶廣內陸的然別湖。摩周湖比起我想像中的模樣更加莊嚴神聖。它與世隔絕，獨自盤踞，更顯淳樸而壯闊。陣雨稍停時，它才會出現在眼前，那一刻如此短暫，彷彿無時無刻不藏身於雲霧之間。

要到摩周湖，從釧路出發，在舌辛車站下車，繞阿寒湖一圈後抵達摩周湖，據說如此才能欣賞到最美的景色。——我們卻沒有走這條路徑，而是下山後往鄰近北見市邊境的屈斜路湖去。

下山之後，天氣變得很不穩定，風裡滿滿的水氣，一副就要下雨的樣子，把沿路森林的樹梢往上吹得圓滾滾，風勢十分嚇人。

屈斜路湖周長四十七公里，看來就像一片大海。我們先從南邊進入。這一帶的皇室所有地包含朋圖、尾札部、淵都庫真津部和薩津喜等部落。途中經過的和琴小學正在舉辦運動會，運動場的木柵欄裡還拴著馬。圍繞校舍的紅白相間布幕被風吹得鼓鼓的，看起來就像在舞獅。穿著白色運動服的老師把擴音器貼近眼睛。校舍孤伶伶地蓋在荒地裡，協辦運動會的甜點店在那間狹小校舍旁擺了個小攤子。

我們穿越這個小部落進入和琴半島。水邊有間賣水煮蛋和仙貝的茶屋，茶屋前有座露天的天然浴池，部落太太和孩子們泡在岩石之間的裂縫形成的澡盆裡，皮膚像水煮般變得紅通通的，正高聲閒聊。正因為此處完全天然，未曾經過人工雕琢，更讓我忍不住想像這座天然溫泉入夜後的情景。若是正逢月色皎潔，那實在是太美妙了。岩石上有黃色湯花，是一種沉澱物，看起來就像是泡在菖蒲花池裡。我像孩子一樣試著把手伸進去。在我身旁洗背的太太說：「不知道是不是因為天氣的關係，今天的熱水泡起來很舒服，忍不住想一直泡在裡面。」

冒出熱水的出口有個臨時搭建的小屋，那裡也有能夠充當更衣室的隔間。

這座湖不像摩周湖感覺如此孤獨，因而更顯氣派，湖邊的平地散布著一棟又一棟小間的溫泉旅館。南邊圍繞棲舍努普利、伊瓦塔努西等山岳，後方則有庫都尼普利、歐薩佩努普利和薩摩給努普利等群山依序排列。

這座湖占地寬廣，無法一眼望盡。湖邊有極像海邊的沙地，不管在哪裡往下挖都會有熱水冒出來。湖水與陸地交界處水波的顏色，就像是牽著線的黃色湯花水波，如此的景像實在奇妙。

這座小小的半島又稱和琴半島，據說是大町桂月取的名字。

回程我們沿著屈斜路湖沿岸往川湯部落前進。途中，我們還爬上硫黃山，走進偃松和盛開著上萬朵白花的杜香花田。把杜香花放在臉旁，它的濃郁香味不停擴散開來，和清新的模樣不太搭調。這座花田在硫黃山麓上橫跨了十五、六萬平方公尺。

硫黃山上一棵樹也沒有。然而山腰的柵欄裡卻寫著保安林三個字。在山上走著，儼然像是走在不停震動的馬達上，這座活火山實在嚇人。我們一邊往上爬，便看到硫氣從氣孔上噴出，一落到石塊上，石塊便碎裂成無數小塊砂石，十分有趣，銀製戒指也整個變黑。岩石裸露的表面指著白色、黃色和祖母綠色的苔蘚，感覺就像在爬用糖果做成的山。山腳有間硫黃工廠。聽說明治十九年左右，安田一家在這裡經營硫黃開採事業，會把採出的硫黃運到標茶車站。

在弟子屈沿著溫泉朝同一方向前進，其中一站便是川湯溫泉，這條路線朝向網走地區。整個部落開著滿滿的杜香，馥郁的芳香從水位低得就要乾涸的河床，往溫泉這邊吹來。我想起我們是在前往弟子屈的列車上遇到這位川湯車站站長的。這時不巧地開始下起雨來。這裡有二、三家賣伴手禮的店和修車廠。

穿著黃色毛外套的年輕司機說：「看來這場雨會下得很大呢！」便急忙轉動方向盤，從川湯往弟子屈的幽暗森林中，沿路以四十哩的速度奔馳。

雷電比昨天更加響亮，閃電一出現，頭上隨即響起駭人的雷鳴。好幾十隻鳥似乎因為受到驚嚇，紛紛往森林中逃竄。我轉頭直直望著那些在雨中撥開水滴亂竄的鳥。

「對於一個人來說，如果能不要出生、不要見到酷熱的陽光，比什麼都好。

然而若已誕生於世上，那麼能夠早早通過冥王黑帝斯的門，躺在大地厚厚的衣衫下才是萬幸。」

竟然會聯想至此。我在極北的森林裡、震耳欲聾的雷鳴中想起《布蒂亞》一書中這絕望的一章。但我最終也打起精神。我經常一邊閒聊，一邊思考自己的一切，雖然在旅途中什麼也不想，終究還是個膽小鬼，無法好好對待我這副多餘的無用軀殼。

回到旅社安頓好後，女記者來找我聊關於人生的話題，但我的人生閱歷比起這位女性實在差得遠了，便拚命往嘴裡塞點心，時而打盹，時而閒聊幾句。

泡溫泉是最舒服的，我在黃昏前甚至洗了三次澡。

想聽點音樂，卻沒有音樂可聽。

最後，我們在這間旅社住了兩天。

我一早四點半便起床整理行裝，準備回釧路。

打開窗戶，便聽到暮蟬已經開始鳴叫。

我們搭上五點半的火車前往釧路，買的是三等的車票。為我們剪票的車站站長看到我們兩個女性的搭檔，便問道：

「要回去了嗎？」

抵達釧路時大約八點。我們把行李寄放在車站後，便走進車站前的餐廳。看到我身旁的陸軍將校一個人吃著便當引起我的食欲，我也想吃便當了，便點了烏龍麵和便當等食物。看起來似乎不習慣旅行的女記者也一臉疲憊。

吃完便當，我便前往伊藤先生家。我在那裡見到他美麗的夫人與年紀尚小的公子和千金。和伊藤先生寒暄完後，我打算經由釧路前往帶廣。

要搭白天的火車還來得及，我便前往協助政府處理行政事務的支廳遊覽先住民的遺跡，並前去位於釧路郊外的春採湖看一看。

春採湖與摩周湖、屈斜路湖不同，有濃濃的愛奴族風情，是充滿鄉村風味且相當熱鬧的湖。

我在這一個多月以來的向北之旅，似乎總在湖啊、原野啊、沼地和森林等地度過，整個人也愈來愈開朗了。在陌生的土地上遇到的人們都說我很豐腴。因為原本只有四十一公斤、相當瘦小的我竟然胖了將近四公斤，這些肉都長到哪裡去了呢？我每天都眺望原野和湖泊，在旅社吃的都是牛乳、鮭魚和蜂斗菜，或許這一個月令我變身為樂天的人也說不定。活著真是件開心的事啊！

火車在下午一點半經過釧路。因為火車行駛得慢，所以和來的時候一樣，每經過一站都能好好看到每站的景象。經過狩勝峠時，那裡下著雨。五點左右，火車抵達帶廣。這個城市似乎是平原，一眼望去視野良好，皂莢樹的林蔭大道上濃密的葉片低垂。伊藤先生似乎從釧路便打了電話，一位名叫奧原的人來這裡接我。

我走進車站前名為北海館的旅社。進入旅社後，我又是自己一個人，心情便放鬆許多。旅社前方就是往車站的路，有水果店和銅板餐廳。晚餐前，我一個人在帶廣市街上閒逛。這裡空蕩蕩的，顯得落寞。

我就像已在城裡久住多年似的，四處走動，這裡的舊書店意外地多。我心想今晚在旅社或許又會難以入眠，便走進一間舊書店，拿起好幾本書翻閱。我用三毛錢買到大正七年出版的《白樺之森》。裝幀者名為李奇先生，扉頁的圖上放了兩、三張法國雕塑家羅丹的作品照片，有「一個小小身影」、「巴里流浪漢之臉」和「羅丹夫人塑像」等，書中還放了里昂和拉姆的素描，讓人開心。

我靜靜吃著晚餐，一邊翻開這本書閱讀。書中有島武郎的〈給我的小朋友〉，甚至還有志賀直哉先生的〈網走〉等作品，讀來相當有趣。

入夜後又下起雨來。

這場雨正下著時，之前那位奧原先生來問我要不要上街走走。

「之前我去接你，回去後才知道在我出門期間，傳來了轉職到小樽的通知，嚇了我一跳。」

「哇，真是太好了，那我們就上街走走慶祝一下吧！」

這場雨似乎會下很久，我們走在被雨淋得濕漉漉的街道，奧原先生對轉職似乎相當興奮，我們原本想找間小餐廳，結果我們兩個都覺得走在雨中實在辛苦，便走進咖啡廳吃冰去了。這裡播放著北大校歌的唱片，聽起來很舒服。

自從進入根室線，沒有一天的天氣讓人滿意。明日一大早就得動身前往然別湖，但是如果下雨就去不成了。

和奧原先生道別後，我在快要九點時回到旅社。我在寫給朋友的信中寫道，如果下雨，我就去甜菜工廠觀光好了，什麼原野啊湖啊等等的我已經看膩了。我心裡想，我為何要遊遍一個又一個湖泊呢？又覺得自己必須打起精神來。

枕邊擺放的風景明信片上，有明日將要前往的然別湖的各種樣貌，讓我感到寬慰許多。

天亮時分，女員工拿了些水分飽滿的鈴蘭花給我。這位女員工說，她連札幌都不曾去過。

「然別湖還點著燈喲！」女員工說那是個好地方。聽說那裡只有一間旅社。我打開快要見底的錢包，問那間旅社應該不會太貴吧？如果價格便宜，我想住個二、三天。

譯註1　一合。「合」是日本酒容量的單位，一合為一八〇毫升。

譯註2　石川啄木。一八八六年二月二十日—一九一二年四月十三日，日本明治時代的詩人、小說家與評論家，曾在北海道釧路住過一段期間。

◎作者簡介

林芙美子・はやし ふみこ

一九〇三——一九五一

暢銷女流小說家。出生於北九州門司市。廣島縣尾道市立高等女學校畢業後前往東京，為求生計做過幫傭、餐廳侍女、小販、廣告員等各種雜務勞動，看盡當時社會底層的人生百態，二十七歲出版自傳體長篇小說《放浪記》確立文壇地位，隨後發表〈手風琴與魚之小鎮〉，以及描寫夫妻日常生活的〈清貧之書〉大獲好評。曾獨身遠赴巴黎旅行，二戰期間更以戰地作家身分前往中國、爪哇、法屬印度高原等地，拓展創作視野與內涵。著有《晚菊》、《浮雲》等代表作，刻畫戰後日本社會男女間的苦澀情感流動，並以《晚菊》獲得第三屆「女流文學者獎」。

於東旭川村

島木健作｜しまき　けんさく

下了電車之後，東旭川村就在眼前。我們走的這條路，兩旁遼闊的田裡，稻穗已黃得恰到好處，沉甸甸地往下垂著。就連外行人都看得出來，今年的收成應該會相當豐足。

我來到旭川和朋友Ｍ見面，並在他的帶領下，走訪了東旭川村。那是九月已過十多天的一個日子。

Ｍ是和我有近十五年交情的老朋友，這次是睽違三年的再聚首。我們的交情清淡如水，總是每隔幾年，才會與對方不期而遇。可是一聊起來，卻像是直到昨天都還日日相見似的。我們就是如此交心，也對彼此充滿關愛。直到現在，出外旅遊時，我在各地都還能有像這樣的朋友，真是幸福。有時我都還沒說，他就會問：「去那個村子看看吧？」然後起身行動，或說：「但願不會下雨。」並望著車窗外的天空。

在前往東旭川村的電車裡，看到和我對坐的Ｍ，恐怕不會有人覺得他是東大畢業的法學士吧！他這個人天生就像是老百姓的朋友似的。這次相聚，他身上的那股氣質，又顯得更鮮明了。

身穿高爾夫球褲的紳士、貌似村中商人的男子，還有一般百姓等，紛紛都向他問候致意。Ｍ和他們交談的模樣，讓我看得著迷。Ｍ從大學畢業的那一年起，在此定居已有十三年之久。近來雖然搬到市區，但以往長期住在村子裡，對一切都很熟悉。中間有幾年時間，他冬天會在有流冰漂來的網走度過。回到上川之後，住在劍淵村的市區，拿起鋤頭務農，還因寒害而屢嘗歉收的悲慘滋味。他和這片平原上的人們之間，連結就這樣日益深厚、緊密。想必他一定是深切地感受到：如果自己必須贖罪，那就應該拿出行動，而不是只靠口舌。若非出於對國家、人民的熱愛，人恐怕很難長期忍耐像他現在這樣的貧窮；就算能忍受得了，也只是置身其中，無法如他這樣，在信念支持下露出莞爾笑容。

我們早已很難透過媒體了解農民運動，以及從事農民運動者的面貌。一般大眾甚至認為，這些人、事，早就絕跡了。

正當世人這樣想的同時，事實上，各地已開始陸續出現真正腳踏實地生活的人——在這次短暫的旅程當中，我就看到了好幾個。他們大概都在一地住了十年以上，樣貌已非昔日所謂的「鬥士」，是有妻兒子女的村民、町民，而更重要的是，他們都是與民眾同甘共苦的人。

姑且不論是好是壞，除了M，這些人都有以下幾種顯著的特質：他們隸屬於某個組織，可是看起來並不認真投入。他們會幫忙張羅打點瑣碎小事，卻稱不上是以組織一員的身分在付出，對組織核心的動態等，也顯得頗為冷淡。不過，至少在表面上，他們和前人不同，在思想上沒有潔癖。還有，從他們口中，也很難聽到對原則問題的明確回答。不過，可以感覺到他們內心深處還是有些信念，才會空泛地回答一些「現象追隨主義」之類的內容。

下了電車之後，東旭川村就在眼前。我們走的這條路，兩旁遼闊的田裡，稻穗已黃得恰到好處，沉甸甸地往下垂著。就連外行人都看得出來，今年的收成應該會相當豐足。來到這裡之前，我才在東京新聞上讀到一則報導，說北海道今年的稻作因為乾旱的關係，恐將歉收。報導用的是幾近確定的筆調，但我並未就此相信，因為今年東北、北海道有連續近五十天的日照，而就我踏查所見，青森、北海道等地今年稻作狀況，就如俗語「旱天無飢荒」所言，進展得很順利。實際上，我也聽青森縣東津輕郡農會的技師，在台上一再強調，說今年的收成預估會比平時多出兩成——說的時候還捻著長鬚，滿面春風。

聽說在寒冷地帶，農家要擔心的是寒害，稍顯過多的日照，反而是好事。北海道也有一樣的情形。所以我來到這裡之前，就猜想那些煩惱歉收的，應該只有少數灌溉不良的旱田吧！

在第一戶造訪的人家當中，我認識了青年S。今年夏天剛遭逢父喪的他，一肩扛起了全家的生計。幾句寒暄過後，我隨即向他詢問今年的收成預估。和老百姓聊天時，劈頭就先問收成好不好，已經算是一種禮貌了吧？這位年輕人說今年還不錯，又指著自家門前那片約一段[1]大小的田地，說這是當地青年團用來進行收成量提升測試的實驗田。耕作期間投入了堆肥四百貫[2]，其他肥料三十貫，就他看來，收成個六石[3]應該不是問題，還說這兩、三天就會試著先收割一坪看看。

如今，在氣候暖和的地區，只要用能提高收成的栽種法種稻，一次收成個七、八石，已非罕見之事。但在北海道聽聞有望收成六石，還真是令人振奮。

這裡的稻子低矮，莖較細。看慣本州稻子模樣的人，會覺得這些稻子長得很瘦弱。據說就是因為這樣，所以北海道的稻桿，無法用來製成手工藝品。我想起我走在青森縣西岸時的光景，發現北海道的這些稻子，和我當時看到的一樣。而當地是津輕知名的歉收地帶，所以想必種的是能耐寒害的品種，稻子的瘦小身形，並非發育不良。而我在當地，也聽到農家高興地說今年收成應該不錯。我問了青年S，才知道眼前看到的這些稻米，品種名叫「富國」。

這個村子裡，總耕地面積有八成都是種這個品種。據說是大家看到去年的成績後，今年種植面積才一口氣增加許多——畢竟「富國」的收成量多，體質也強健。

「您看看，有些就是會變成那樣。」我往他手指的方向看過去，發現有一片田地裡，稻子全都橫躺著。而它們的莖，比「富國」高出一大截。

「不只會變那樣，只要下一場暖雨，那種稻子就會發芽。富國都沒有這些問題。」

「富國的稻子會長得像這樣。外觀看起來有點怪，對吧？」

青年一邊說，一邊摘下稻穗，取出米粒放在我的掌心。我一看才恍然大悟，富國的稻米渾圓飽滿，外觀的確很怪。我把生米放進嘴裡，嚼了幾口。

我們頻頻欣喜地說了幾次豐收之後，青年S反而搖搖頭，說：「不不不，這看起來可能有很多秕穀混雜其中，整體狀況如何還很難說。」簡直就像是在否定他自己剛才那段強調「沒什麼大問題」的話似的。其實一般而言，庶民百姓是不妄自開口說「很好」的。或許有人會覺得這樣的老百姓很狡詐，其實還不只是這樣，老百姓只要被逼問到絕處，就會一直設法轉移話題。

據說當他們做起愉快的美夢時，隨後很快就會對自己的天真想法感到惶惶不安。畢竟農民只要活著一天，就必須隨時考慮最差的情況。

看了馬廄，又聽青年S說明倉庫裡擺放的那些農具，然後再回到馬廄。這匹馬據說前不久才被徵用，但因體型過大，結果又被退了回來。我摸著牠的鼻子，一邊和青年S聊四方山，聊了將近一小時，從中感受到北海道農村青年獨特的氣質。這股氣質來自於北海道農村的年輕，而他們的氣魄、想法，都很生猛有力，自由不羈。

不管走到哪裡，大家最關心的話題，總是馬兒的事。來到這裡，農家也同樣迫不及待地先和我談馬的事。我不久前才剛去過青森縣的木造[4]去看馬匹拍賣市場，對那裡的盛況大感吃驚。本來我是出於好奇，想在馬市營業期間，去感受一下整個小鎮為之沸騰的氣氛。不過我也發現，兩歲馬匹賣個四百圓，這個價錢在當地的拍賣市場其實並不罕見。而S說這裡賣四百圓的馬，大概只要抓起馬腳扛上肩就能帶走。還說相較於早期，馬的價格已經上漲了三、四倍。在北海道，家裡沒有馬的老百姓簡直就像乞丐，所以馬匹價格飛漲是很嚴重的問題。

馬匹都要透過「博勞[5]」購買。博勞賣一匹馬，會抽百圓左右的利潤。生意頭腦精明的博勞，據說一年能經手約二十匹馬的交易。

或許有人會覺得這些博勞是在牟取暴利，但仔細想想，他們為了促成買賣，得到處奔波，每到一個地方，也得準備些許旅費開銷。所以就博勞們的立場而言，收這些利潤並不為過。S說每行生意都有這樣的中間商，況且博勞是從以往就受到市場肯定的職業，不能因為近來馬價急漲，就全都把錯推到他們頭上，把博勞說得像是惡質掮客似的。據說有些人為了想用較低的價錢買馬，便親自到十勝之類的馬匹產地去選購，結果反而被敲了竹槓。這些民眾很希望政府能擬訂一些因應方案，但如今政府究竟為民眾做了些什麼？

S笑著說，近來常有人說要養母馬，好讓牠們多生幾匹小馬。但畢竟小馬可不是生下來就會自己長大，想把小馬養到兩歲大，需要有一定程度的飼養設備才行。然而，這附近連一片適合放牧的野草地都沒有，根本無法讓馬兒自由地吃牧草。到了春天農耕時期，馬兒一個月的飼料費，就得要花上五十圓。在沒有放牧場的地方，要備妥適合養出優質農耕馬的各項條件，難度頗高。更令人頭痛的是，生了小馬之後，母馬的身體就會日漸衰弱。舉凡馬腺疫、軟骨炎、骨膜炎，還有會侵犯牙周膜的疾病等，總之產後的母馬就是會變得很容易生病。

沒考慮清楚就傻傻地讓母馬生小馬，到頭來恐怕會偷雞不著蝕把米。

我對這戶人家氣派的馬廄感到讚嘆不已。它和我在東北地方看到的那些馬廄不同，是一棟獨立的屋舍，不與農家相連。內部空間寬敞，鋪的草夠厚，環境也相當整潔。

稍微看過馬廄內部的環境之後，就能感受到飼主對馬匹的愛，以及凡事照顧得無微不至的態度。我坦白說出自己的感想之後，S欣然接受，也顯得很高興。

馬廄旁有一個堆肥場，是用黏土混石灰建成的。這種建材應該不像混凝土那麼會吸水。當地政府鼓勵每戶每年生產兩萬貫的堆肥，但S說他每年只有七到八千的產量。

氣派的不只有那一間馬廄。看了他的倉庫、農具放置場、燃料儲藏室等處之後，讓我不禁覺得：「不愧是住在上川平原的老百姓。」倉庫大小約有五十坪，地上鋪著地板，規劃成一個工作區，就像是東北地區農家的「稻邊」變成了獨立建築一樣。從這裡拉一條動力線，就能讓日立的一馬力馬達轉動。他的農機有很多都是在內地沒看過的。附近一般農家平均一戶耕地面積為三町五反[6]，據說固定花在農具上的開銷大約是兩千圓；S家耕種的土地有六町多，農具開銷據說超過三千圓。六町多的土地，卻只有區區四名人手，而且當中還有三位是女人，當然不免要借重各種精良的農具，否則農事根本忙不完。

況且北海道因為受到氣候的影響，所有農事的作業時間都要壓縮得很短。

一提到農具，S就一臉不悅地開始訴苦：

「農業試驗場之類的機關公務員，最近常說我們買太多農機，還說北海道的老百姓會這麼窮，原因之一就是出在這裡。這種說法或許的確有道理，但我們這些農機，可都不是買來玩的。有些農具一年只用了一週或十天，但它們也都是不可或缺的幫手。況且農具不斷推陳出新，要是大家都不買，那倒還好，只要有幾個人先買來用，其他人當然也不服輸，就會硬著頭皮跟著買。有人說那你們為什麼不大家一起買農機，農事大家一起做？但要在田裡一起做事，可沒有旁人想的那麼輕鬆如意。假如每道生產工序都是大家一起做，那倒還好，要是只有一部分要共同處理，那可就是困難重重了。說著說著，我又想到一件事：有些公務員打從心裡就是不喜歡看到我們農民聚在一起工作。聽說是擔心我們養成聚在一起工作的習慣之後，就會發展出社會主義。我覺得積極使用改良過的農具或機械，代表農業在進步，所以才一路投入至今，但近來似乎有些人並不樂見這個現象。」

我只是默默地聽他說，但對於「公務員不管走到哪裡，原來都這麼不受歡迎」的現象大感意外。我走訪的對象，不見得都是致力投入工會籌設運動的人，但令人遺憾的是，為政者的精神與政策，似乎從不曾顧慮過殷實農村青年的心情。

我們很快就進到 S 家中，接受他的款待。他從田裡為我們摘了玉米，這些生玉米摸起來硬梆梆的，但因為是現採的食材，所以烤過之後細細品味，便能嘗出它的美味。北海道的人家裡，已經沒有我小時候聽說過的那種大型地爐，如今他們改用火爐，一年到頭都會在爐上生火，烹調炊煮也全都靠它。據說這種火爐的主要燃料是木屑，一塊壓成一立方尺[7]的木屑炭，售價是三錢五厘，一年的燃料開銷約為三十圓。午餐的菜色就只有一盤紅燒茄子。而這樣的菜色，和事變[8]以後政府呼籲國人一湯一菜的聲浪毫無瓜葛。這一點應該不需要我多做解釋。

用餐後，我們辭別S，到一位出征軍人的家中慰問。那裡聚集了一群青年，大家都在做「勞力奉獻」的工作。他們把一棵棵的曬稻樹豎了起來，因為再過四、五天，就會開始收割稻米了。

一陣涼風吹來。大雪山和十勝嶽的山頂，不知何時都已被雲遮蔽。

譯註1　「段」是日本的傳統度量衡單位，土地的一段（或稱一反）為九九一・七三六平方公尺。

譯註2　日本的傳統度量衡單位，一貫等於三・七五公斤。

譯註3　日本的傳統度量衡單位，一石等於一八〇・三九公升。

譯註4　位於現在的津輕市，自一九〇四年起開辦馬匹拍賣市場，曾被譽為是日本東北地區的三大馬市之一，盛極一時。隨著農耕型態的轉變，如今傳統的馬市也轉型為「馬市祭」，於每年八月下旬舉辦熱鬧的慶典活動。

譯註5　仲介馬匹買賣的中人。

譯註6　一町面積為十反，三町五反約為三甲五分，也就是一萬零五百坪。

譯註7　一尺約為三〇・三公分。

譯註8　一九三七年盧溝橋事變（日本稱為「支那事變」）爆發後，中日兩國正式開戰。到了一九三九年時，日本當局呼籲民眾過簡約生活，用餐只能一湯一菜。

◎作者簡介

島木健作・しまき　けんさく

一九〇三——一九四五

小說家，本名朝倉菊雄。出生於北海道札幌。就讀東北大學法學部期間積極投身東北學連，後捨棄學業參與農民運動。一九二七年加入共產黨，隨即於隔年遭內閣檢舉入獄，於法庭中公開發表脫離共產黨宣言。一九三二年釋放後，以獄中經驗和政治理念的轉向為基礎發表〈癩〉、〈盲目〉受到文壇注目，其後圍繞歸農問題創作的〈再建〉、〈生活的探求〉深受戰時青年與知識分子推崇，一躍而成暢銷作家。晚年病弱仍不懈筆力，接連完成長篇力作〈礎〉和短篇〈赤蛙〉，於一九四五年終戰兩天後逝世。死後短篇小說〈赤蛙〉編入高中國文教科書，廣為日本人熟知。

日高十勝的記憶

岩野泡鳴｜いわの　ほうめい

前面的一里路是海岸，接著進入山道，越過日高的邊界後便是十勝。我們一行人步行勞頓，時間也接近黃昏。我們在微暗的矮林間前行，路旁都是附子（烏頭），愛奴人會把它塗在箭上製成毒箭。

大內的瀑布

我們在日高的海岸前往樣似町，經過冬島後，來到字山中一處名為大內的地方，高聳裸露的岩山近在眼前，除了僅存的一部分海岸，再也無路可走。這裡有許多穿過巨大岩石的隧道，手推貨車和載貨馬車等難以通過。人只能從岩石與波浪間一塊小小的區域通行，稍有猶豫，席捲而來的海浪就會讓乘用馬的腹部被海水打濕。

我繞著一塊高聳岩石向外突出處走時抬頭仰望，在西日之下，巨大瀑布映照出有如七色彩虹織錦。經過瀑布邊時，水花一定會噴濺到身上，無可躲避。旁邊另一座大瀑布高五十尺，寬七、八尺，俗稱白瀧。瀑布邊有間僅有的房屋，是南方人的獨棟屋。那是夫婦孩子共四人的家庭。房子由木板和雜草建蓋，屋頂則由石塊堆疊而成。

聽說近年幾乎沒有漁獲，他們每年都由昆布百四、五十圓到二百圓、鹿角菜與銀杏藻二、三十圓、海參三、四十圓左右的收入勉強維生；十月初旬開始便有降雪，無法出海，他們只能上山砍些柴火。

聽完，我抬頭往上看，那座山是直立的懸崖，幾乎連路都沒有。山路艱險，卻仍要在寒冬與大雪中尋找生機，這一家人的淒涼，光是用想的都覺得可怕。

那一帶海浪拍打的岩縫長出許多蕎麥和石蓮花，我摘了二、三株，做為這瀑布、獨棟屋和我的馬在瀑布邊飲水的紀念。

猿留的難道

襟裳岬突出於太平洋的北海道東南端，要想經由海岬下方，從南海岸前去東海岸，勢必得踏上本道三難道之一的猿留山道。

我們一行人跨越追分坂的歌別到庶野，很快就來到高處，這一帶經常有棕熊出沒，然而此時散發出生物氣息的就只有我們幾人、愛奴族男子中以牽馬拉貨為生的「馬子」，還有他們乘的馬和一起跟來的小馬。

大概是四周太過於冷清，我們心裡一急，自然便開始趕馬，馬子留意到我們幾人的舉動，便提醒不要拍打馬臀。因為如果馬很快就累了，等途經比較困難的道路時，恐怕會體力不支。

我們下了難道。雖然這裡俗稱七大彎，但實際上，這裡約有多達十三到十四個彎道，每個彎道各有六十到一百二十尺，距離谷底有幾百丈高。從馬上抬頭往上方和下方看，都令人驚駭，忍不住眼前一陣黑。為了喝媽媽的奶，跟在我們騎的母馬身後，還有匹三個月大的小馬同行，在一處彎角跳上石塊後躺了下來，差點就要跌落谷底。

即便到此地步，小馬仍然亦步亦趨跟在母馬身後。在日高旅行時，通常只要所乘的馬是母馬，小馬必定會跟著，從出生到三歲都是如此。這情況頗為有趣，騎士不時回頭查看，不知道小馬會跟到哪裡，卻發現小馬始終跟在後面。

山上的胡枝子露水

我們一行人抵達猿留村時大約是下午兩點左右，但驛站沒有可以接替的馬，且驛站的人說即使到明天，還是得等到十一點左右才有馬可乘，再加上要在那裡留宿感覺不太舒服，我們便鼓起勇氣，決定徒步走到下一個驛站。然而原本據說是兩里半的路程，實際卻有四里，實在無言。

前面的一里路是海岸，接著進入山道，越過日高的邊界後便是十勝。我們一行人步行勞頓，時間也接近黃昏。我們在微暗的矮林間前行，路旁都是附子（烏頭），愛奴人會把它塗在箭上製成毒箭。每每橫跨小河時，都擔心棕熊會出現。

我進入庫頁島的深山時，會吹響從汽船借來代替汽笛的喇叭驅趕熊，但這時我沒帶在身邊，便邊走邊以五音不全的曲調粗聲大氣地吟唱日本舞的音樂，從清元、長唄、常磐津到新内和都都逸全都複習了一遍。不知是否因此起了功效，所幸全然不見棕熊的身影。

然而在爬上近似猿留山道七大彎的九折道時，能吟唱的曲都已唱完，嗓音也漸漸疲弱，雙腳也已疲累無比。我鼓勵自己，只要撐過這九折道很快就能抵達了，用盡力氣終於爬到山頂，接下來就是坡度和緩的下坡道，但這時我口渴得不得了，才發現全身都已大汗淋漓了。

然而路上長了許多胡枝子，每片葉上都有露滴駐足，光看就已經感覺心中舒爽。我們一行人跨越邊境時遇上陣雨，這裡似乎常下這種短暫的陣雨。雨勢過後，道路也變得難以行走，每片胡枝子的葉片上都留下了一觸即碎的露珠。

我們撥開葉片，踩著露珠前進，露珠碎裂成為露水滲進鞋裡，讓發熱的雙腳感到一陣冰涼。我們一行人用杯子接下露水，大口喝下的冷水無比美味。

中下方的農村

日高的中下方村有個淡路團體的農村，喚醒我在孩童時期曾經聽聞的記憶。

王政維新時，淡路曾發生稻田騷動。阿波藩的主君誤以為淡路城主稻田氏心懷叛亂的想法，欲脫離藩國自行獨立，直屬於阿波主君的士族等人便在洲本城包圍城主與其侍從。

稻田氏以此為契機，與其部分侍從分別於明治四年和十八年，共兩次移居北海道。在他們心中，已經不將淡路視為親愛的故鄉。這是因為那場騷動發生時，這些人的妻女都因那些直屬士族遭到強暴，更有人以竹茅刺穿孕婦的下體，遭遇十分悽慘。

這些人把心中的怨恨都算在主君頭上，我想這是他們熱切開拓北海道的一大原因。第一批移住者搭船離開國境時約有三百戶，但他們在紀州的熊野沖遭遇船難，有一百五十戶的人家溺死，因此只有半數（現今僅存三十戶）來到北海道成為拓荒的先祖。中下方村這裡的居民就是這些人，至於第二批的五十戶，現今定居在同一條染退川沿河的碧蘂村，兩個村落都是北海道的模範農村。一眼望去，就能發現村民相當潛心耕耘並購置了讓土地永生不息的設備。就像石狩原野一樣，無論是札幌或岩見澤，居民都不經深思熟慮，便無所節制地砍伐、燒毀樹木，不只市街區和田園等處變得毫無景致，就連防風林也全砍光，有些地方就只能任由平原的風直接吹襲。而淡路居民的村莊裡，則是處處保留大樹，不僅維持了自然風光，住家用的房屋也不像是在其他地方看到的臨時小屋，而是蓋成永久型的建築。

然而染退川的土壤年年流失五千到上萬公畝，他們沉積土的良田不斷消失，因此村民的戶數也逐漸減少，相當可惜。

新冠的御料牧場

我前往新冠的御料牧場蒐集資料時，得知那裡共有馬匹一千七百餘匹，其中主要的品種有特洛庫馬、哈克尼馬、純血馬、克利夫蘭騮毛馬和特雷克那等，若用於賽馬則以純血馬最佳，其中有匹名為第二史普尼號的純血馬是園田實德氏花一萬五千圓買的公種馬。我請對方把其中幾匹馬牽出馬舍，讓我看牠們走路的模樣，發現各有特色。有些身高很高、有些毛色亮麗、有些姿態端正、有些步伐奇特……在這當中，阿拉伯馬每一匹都目光銳利、晶亮，最令我印象深刻。

這裡是個周長二十里、面積三百三十二萬公畝、放牧區域七十二區，圍繞各區的柵欄連綿長達七十里的大牧場——位處高地的放牧地保留了原始的植被，看起來卻像由人工打造，就像經過疏伐一樣，樹木以恰好的間隔生長，地上則種滿翠綠的牧草，這片景色實在讓人心曠神怡。

我們一行人在去程騎著路途中驛站的瘦馬，得意洋洋地奔馳，但在回程看到這麼多駿馬，突然感到一股羞恥，逃也似地飛奔離開。

火山灰地的狀態

我們往東離開日高的門別村時，回頭一看，遠遠看到西方膽振地方的樽前火山正在噴發。白色煙霧筆直朝上冒出，形成的煙柱隨即飛散，已經分不清是雲還是煙。

有如此強勁的火力為後盾，雖然直衝天際的煙柱受到周圍空氣壓迫，形狀潰散，我卻開始想像當時埋藏在地底的火力。

我的腦海中猛然出現一聲轟隆巨響，在閉眼的瞬間，那座火山大爆發時的景象在我腦中浮現。當時，或許是由於西風吹襲，火山噴發形成的火山灰往日高的方向飛入雲層擴散開來，就連天空也暗了下來。

經年累月後，便成為我此時睜開眼看見的火山灰地。數百年或數千年前形成的各種地層堆積在此，從膽振延伸到日高一半的區域，在地下六、七寸至一尺的範圍形成五寸乃至一尺的火山灰層，那些白色線條在切割出土地高低的道路左右穿過，就如郵便列車中段的紅肌一樣清晰可辨。

◎作者簡介

岩野泡鳴・いわの　ほうめい

一八七三——一九二〇

小說家、詩人，本名岩野美衛，出生於兵庫縣淡路島，專修學校（現已改制為專修大學）畢業後，曾與國木田獨步等人創立文藝雜誌《文壇》，自此即以「岩野泡鳴」為名發表作品。

岩野泡鳴初期以浪漫詩人的身分踏入文壇，出版過《汐潮》、《悲戀悲歌》等詩集。

一九〇九年，他以自己和藝妓的戀愛故事為靈感，寫下小說作品《耽溺》後，轉型為自然主義派作家。

岩野泡鳴最為日本人所熟知的作品，是他的「泡鳴五部曲」——《發展》、《喝毒藥的女人》、《放浪》、《斷橋》、《附身》。作品中融入了他在北海道與樺太（庫頁島）發展螃蟹罐頭事業，結果鎩羽而歸，以及他在多位情婦之間周旋糾葛的情節。

日光

田山花袋｜たやま　かたい

在日光的山區裡，還有許多不同的野生食材。山牛蒡、土當歸、山款冬，野山藥尤其美味。每當秋季十月底到初冬之際，山區居民就會背著裝有野山藥的籮筐，到市區來兜售，寺院和尚等熟客都會等著搶購。

一

我聽說野州[1]匯集了名山勝水之美，也耳聞這裡有絕佳的雅石，還聽說這裡有很多幽深的溪谷，更有滿眼雲霞。

其中最為世人所知的，就是坐擁日光山水的大谷川[2]峽谷，以及囊括鹽原勝景的箒川[3]溪谷。除此之外，當然不能忘了還有鬼怒川的大溪谷。

不過，再怎麼說，最引人入勝的，還是大谷川的峽谷。那裡有電車通過，也有映照著日光的陽傘，還有載著都市人的轎、車，在峽谷岸邊絡繹不絕，的確是個已經相當世俗化的地方，但幽深山嶺所醞釀出的那股雄性、剛烈氛圍，並沒有讓這座峽谷變得全然平淡無奇。颪颯颯地狂吼，溪水澎湃地發出怒號，雲霧間或像是近逼咫尺似的襲來。一旦洪水爆發，猛烈奔騰的濁流，氣勢簡直就像是要把大家熟悉的那座朱紅橋[4]吞沒似的。

而在放射狀谷地裡，也有許多美不勝收的谷地。例如般若瀑布、方等[5]瀑布、荒澤[6]、田母澤[7]的溪谷，都是處處美景的峽谷。這裡瀑布多，固然為峽谷平添幾分複雜的色彩，但更值得讚嘆的，是迷人的水景。深澤的溪橋一帶，水景特別優美，在其他溪谷很難覓得這樣的美景。至於景致優美的瀞潭，則是出現在紀州[8]的北山川[9]。不過，就淺灘流水的迷人程度而言，還是以大谷川的峽谷為最。

談到優美的水景，其實鹽原的溪谷也不遑多讓。從入勝橋到福渡戶一帶，景色尤其迷人。不過，箒川的溪谷算是偏女性氣質，散發清淺晶瑩之美，而非奔湍急流的壯闊。這裡的山線條柔和瀟灑，不像大谷川的峽谷那樣，展現強烈的陽剛氣息。但是，這裡的溪谷，到處都湧出著大谷川峽谷所沒有的溫泉，再加上最近鐵道建置完成，說不定一個不小心，箱根的熱鬧繁華，就會被這裡搶走大半。

相較於這兩個山光水色的峽谷，鬼怒川的溪谷雖然平凡，規模卻很可觀。若要比擬的話，應該是和木曾川、多摩川、久慈川的溪谷相似。它的兩岸不如大谷川那樣逼近，也少有奇岩怪石。然而，鬼怒川溪谷從中岩橋、籠岩揭開序幕，經過瀧湯一帶，再流過川治的溫泉附近，接著就像是穿過深山中的深山似的，往遠處流去，直到源頭的鬼怒沼為止，其間流經十五、六里[10]，住家皆如傍山枕溪，水聲傳響如佩環，呈現與外界截然不同的一方天地。它是個昔日曾有平家落難武士隱居的蕭條山村，境內有栗山十三鄉，同時也是個有獵師、採石耳的農人、礦工、熊和紅點鮭的山村……。

然而，鬼怒川的水電工程，嚴重破壞了這片美麗的峽谷。文明氛圍如今已深入到了這個深山窮谷之中。

二

從一般觀光客往來的地方再往深處走，就會發現日光的群山相當幽深，占地也非常廣闊。往北跨過鬼怒川溪谷之後，就會與會津[11]那片群山層疊的帝釋山脈接壤。

因此，日光群山裡的林帶，長滿了茂密的扁柏、鐵杉、山毛櫸等。如此濃厚的原始色彩，若非深山絕對看不到。密林中有小木屋，還有一片叢生的山白竹，幾條羊腸山路蜿蜒曲折，通過其間。從瀧尾後方越過八風，攀登女峰山的七瀧時會走的路，以及從裏見的荒澤川溪谷渡河到對岸，再通往栗山的那條富士見越道，和從大真名子山、小真名子山麓走過，連接到志津山小屋那條路，還有從戰場原翻過山王嶺通往西澤金山那條路，和從湯本[12]後方沿狩籠湖畔走，翻過金田嶺通往鬼怒川川俣溫泉的那條路等，都要穿過那片幽深至極的林帶。在這些道路當中，我印象最深的幾個地點，包括七瀧的大溪谷，從女峰山劍峰遠望的美景，還有在富士見越道上遙望隱約可見的三界瀑布、從大真名子山上的難關——千鳥返附近遠望，還有太郎山的花田，以及從金田嶺上俯瞰群山起伏等等。至於男體山，我從前山、後山都爬過。從後山爬的那天，下了一場豪雨，雖然成功登頂，但雲霧太濃，連眼前一間[13]的距離都看不清楚。本來還試著在山頂[14]小屋窩了一下，結果實在是冷得沒辦法，只好趕忙下山，在志津的山小屋渡過一晚。

以往常有僧侶在這座裏山的山頂修行，所以如今在山裡，這種禪頂小屋都還隨處可見。就我所知，唐澤、女峰、志津等地都有。小屋經過風雨和歲月的沖刷，的確變得很殘破，但在小屋裡渡過的一夜，卻是非凡的體驗。小屋附近的山白竹林裡，總會有清冽的湧泉，我得以在小屋裡煮飯果腹。秋天時，還能聽到月光搖曳的深林裡傳來鹿鳴聲。

從這些溪谷點滴匯流的水，有時會形成潺潺涓流淺灘，有時則會聚成不為人知的無名瀑布，時而湍急，時而潺湲，逐漸流落塵世的過程，實在有趣。而這道清流，還會不時染上山百合花的白色，或赤城杜鵑的紅色。

在富士見越的山嶺附近有個小屋，本來是在地人以物易物的場所，不知道現在怎麼樣了？從日光來的人會帶木炭或白米來放在這裡，從栗山來的人則會拿木屐或手工藝品的材料，大家在這裡交換所需，不需人力介入。沒想到在山裡，竟還留有如此原始的交易狀態。

從女峰山的劍峰看出去，景色比男體山頂上更壯觀。從這裡看到的男體山英姿，精彩壯闊自不待言，而雲層在如波濤起伏的連綿山巒間翻湧，景象磅礴，即使是在日本阿爾卑斯山這樣的深山裡，也少有如此大器的景色。

三

在日光的山區裡，還有許多不同的野生食材。山牛蒡、土當歸、山款冬，野山藥尤其美味。每當秋季十月底到初冬之際，山區居民就會背著裝有野山藥的籮筐，到市區來兜售，寺院和尚等熟客都會等著搶購。市區裡到處都能看到頭髮像棕櫚掃帚似的山地老闆娘，和身穿白衣、面帶微笑的老僧相望，嘴裡還說：「你們再怎麼要我快，我也快不了啊。光是挖這些山藥，就得費好大的功夫啦……」

在這些野生食材當中，楤木芽的美味更勝一籌。但同樣要走到深山裡，才能滿載而歸。至於山款冬，則是不管在盛夏，或是更遲一點的入秋，都還能嘗得到它的軟嫩可口——畢竟它們都是從六月開石楠花、七月開杜鵑花的深山裡摘採來的。還有毛漆樹芽等食材，也都很好吃。

直到十二、三年前，通往寂光、霧降、裏見的這幾條路上，都還能採到很多蕨菜，量可以多到兩手拿不了。但現在這種信手拈來的地方，已不見蕨菜的蹤跡。這時候，還是要靠那些會出現在寺院裡，對山林瞭若指掌的老太太去採來兜售。她們摘來的蕨菜，個頭大又漂亮，在低矮的山林近郊恐怕很難找到。這些老太太大多會跑到寂光往裏見的深山裡，或是從裏見往慈觀瀑布上方約莫一里的地方去採摘野菜，還有霧降瀑布後方一帶也能採得到。

至於鳥禽類的部分，這裡的人很早就開始食用斑點鶇。山裡到處都設有捕鳥籠，市區的人常到這些地方一日遊，運氣好的話，據說可以抓到很多鳥禽。這裡的鳥禽種類很多，綠雉和銅長尾雉等鳥禽，也是市區餐館常年供應的菜色。

而在蕈菇類方面，松茸類只有產早松茸，沒有紅汁乳菇。會拿到市區來賣的，都是在低矮的郊山野嶺採的。多汁乳菇在七月時最好吃，過了八月之後，舞菇等也會上市，此外還能採得到很多磚紅垂幕菇、蜜環菌等，也能看得到香菇的蹤影。

這附近倒是沒有香魚。大家吃到的，都是從阿久津附近的鬼怒川捕撈上岸後送來。不過，這裡倒是有紅點鮭、鈍頭杜父魚和珠星三塊魚；中禪寺湖還曾捕撈到大得教人吃驚的鰻魚。而鱒魚雖非野生，但秋天吃起來還是很美味。

在日光市區不常有機會吃到棲息山區的野味，但只要從裏山往鬼怒川溪谷的方向走，就能嘗到熊、山豬等等，各種山產應有盡有。夏天只要稍有不慎，就有可能在山路上被熊襲擊。而鹿肉雖然量多，但卻不怎麼好吃。山區居民把吃猴子肉視為稀鬆平常，據說是能讓寒涼身體暖和起來的聖品，可是肉吃起來卻不怎麼樣。還有兔子的數量也很可觀。

此外，栗山蕎麥麵也頗負盛名。我經常品嘗各地的蕎麥麵，但這些蕎麥麵，都不如在這片山林裡，以火耕方式種出來的蕎麥那樣可口——它們的香氣實在馥郁。還有，我在栗山的川俣地區，吃過一種名叫「栗山餅」的糕點，是用粳稻的糙米製成，和釀酒師傅熟悉的捻餅[15]如出一轍。

四

到了夏季，不少旅客奢侈地前來日光避暑，很多寺院都成了他們借宿的地點。這家寺院二樓的欄杆處，傳來年輕女孩的笑聲；那家寺院的齋房，流洩出陣陣玲瓏清越、引人懷舊的箏琴聲。街上有新婚的年輕夫婦、帶著侍女的侯爵夫人，手挽著手、步履輕快的外國人夫婦，為市區和山區都妝點上熱鬧、鮮豔的色彩。此時，夏日陽光燦爛的藍空，籠罩整片山與谷；電車帶著歡樂寫意的身影，從溪畔駛向山城。

市區的夜晚熱鬧喧囂。遊客身穿浴衣，魚貫走過街頭，每家旅社都門庭若市，應接不暇。三味線的琴音如泉湧般傳來，伴隨著「走一趟日光，朱紅橋啊向河原，還有含滿的……」等歌聲，令人不禁覺得「這還真是個世間萬象聲聲入耳的觀光城啊」。我特別喜歡有月色的夜晚。從神橋上看過去，大谷川的末流簡直就像金屬或什麼似的，閃爍著璀璨動人的光芒。

電車只行駛到馬返，所以前往大平這段險峻的古道，如今成了一段適合都市人健行的山路。有人打著赤膊，有人捲起了衣服下擺，抱著好玩的心態爬山，就連女遊客也「呼呼」地喘著氣走上去。一群女學生站在路上喘著氣，邊說著：「還很遠嗎？」從山路上的茶屋看出去，峽谷景色美不勝收。好不容易爬到不動坂的坡頂之後，就會看到大平淒清的樹林，山毛櫸、榛樹和白樺樹幹林立的景象，相當壯觀。接著再往前走，就會看到華嚴的休茶屋。懾人的瀑布，嘩啦啦地向深谷傾洩而下。

南岸橋的橋邊繫著一艘白色小船，色彩鮮明的藍色湖泊，此時終於在眼前展開，賽艇的紅、白旗幟，在水面上翻飛，煞是好看；而小船揚起三角形的帆，在湖面上平順前行的模樣，也美得如畫。

面對湖的那家旅社，兩、三年前在一場祝融中燒毀，如今已無法憑欄欣賞眼前的湖水，但這樣的湖光美景，就足以讓旅人大飽眼福。

接著再渡湖前往歌濱。那裡的觀音堂，供奉著勝道上人[16]的手刻觀音像，如今已成了國寶，相當值得一看。我看過許多佛像，但從不曾拜謁過如此深具威嚴的觀音像。

我特別喜歡湖畔的早晨，喜歡這片水色，喜歡這裡的山嵐繚繞。聽說從歌濱、上野島，甚至是合鴻看到的男體山，樣貌特別端麗。乘船前往菖蒲之濱，途經龍頭瀑布，再到荒涼的戰場之原。這裡草花繁多，夏天看來就像是鋪上了一張華麗的毛毯。再往裡走，就是冬天全都被深雪覆蓋的湯本溫泉區，讓人聯想到莫泊桑的《客棧》（*Inn*）。

日光山城裡的燈火，也讓我倍感懷念。夜霧低垂到將近餐館屋簷的高度，電燈的光線沒有光芒，矇矓潮濕地亮著。生於東京的舞妓，就著燈光，不知是用手指還是什麼，靜靜地彈奏著三味線。這一幕不時如畫般映入我的眼簾。

五

宛如日光火山群前衛的都賀山、安蘇山山地，也頗富趣味。山本身並不是那麼高聳壯闊，但有幾條細窄峽谷穿過其間，從遠處就能望見山間有許多皺褶。而就在山勢眼看就要轉趨平緩的地方，竟到處聳立著景觀絕佳的山巒。

在關東平原的任何地方，不管是從淺草的「十二樓[17]」頂樓，或是信越線的火車裡，又或是從北埼玉的平原，甚至是從利根川的堤防上，都能看到這裡的山勢起伏。而最能近距離看個清楚的，就是從東北幹線的小山站附近眺望。不過，從這裡看到的，只有東側的那一面，想看得更全面，最好循早期的奧羽街道，也就是更久之前的萬葉時代時，旅人會走的那條驛站路線。當年的驛站路線，是從前橋附近到伊勢崎、境，再從太田到渡良瀨川，從早期有「佐野渡」這個渡船頭的地方過河，經安蘇山、都賀山山麓，再往下野的室之八島[18]方向。看當年僧侶道鏡[19]被貶謫的藥師寺遺址，還有道鏡之墓，如今都還留存在這附近，可以想見當時從上野國府[20]到下野國府的這條路上，是何等的繁華。在萬葉集當中，只要是吟詠安蘇山的和歌，往往都會提到當時旅人沿山一路遊歷的旅遊行程。其中又以最接近平原處的三毳山，山勢形態最有意思。搭乘東武線的火車，途經館林、佐野一帶時，總能看到三毳山，與筑波那端猶如絕海孤島的翠微相望，構成一片遼闊的景觀。而從佐野延伸出去的這條路，則會穿過三毳、岩舟、唐澤山巒之間，直通到下野國府。

在《下野國志》當中有一張插圖，畫的是日暮炊煙繚繞下的室之八島。看到這張畫，我就覺得自己以往旅行的記憶，彷彿全都浮現眼前，歷歷在目。當時渡良瀨川的渡船頭位在佐野附近，看來也相當熱鬧。

都賀山、安蘇山可從鹿沼方向攀登，也可從栃木方向入山。從佐野入山的那條路，地處於要深入上溯秋山川河谷的位置，附近有出產石灰的葛生町，還有綠蔴葉足以覆蓋肩膀的山間田地。位在田沼附近的唐澤山，有秀鄉[21]所建的古城遺址。這座山雖不高，但景觀相當優美。不過，再往裡去一里之處，還有景觀更好的琴平山。這裡原本有廣受當地人信仰的神社，可惜如今已沒落。岩舟有天台宗的古剎，香火鼎盛。

出流地區有個觀音靈窟[22]，位在一處小峽谷裡，但因地處山巒深處，故有濃濃的山嵐繚繞，洞窟本身算是一個小小的奇景。而從這裡再沿秋山川的河谷上溯，並順著山路走到足尾的這段路程，途中還有兩、三個規模較小，較不為人知的山水風光。

走過日光大谷川峽谷旁的大日堂，再往前一點就會進入都賀山。走到小來川，試著找找古峰原、尾鑿山等景點，也會是一趟有趣的行程。從小來川往出流方向走的話，要翻越草山，還要涉溪。而這種難走又容易迷路的路線，竟得走上一整天。

譯註1　栃木縣的古稱。

譯註2　發源於栃木縣日光市，屬利根川水系，是日本的一級河川，流域內有華嚴瀑布、白糸瀑布等著名瀑布。

譯註3　發源於栃木縣那須鹽原市，屬那珂川水系，是日本的一級河川。流域內的鹽原溪谷是鑿切極深的峽谷，有「潛龍峽」之稱。

譯註4　被譽為日本三大奇橋之一的「神橋」。相傳是在一六三六年日光東照宮大改建時，才改換成朱紅色的橋。

譯註5　般若瀑布和方等瀑布位在日光市中禪寺湖附近，兩者位置相鄰，故多並稱。

譯註6　發源於日光市知名的男體山，屬利根川水系。

譯註7　臨東照宮，發源地的「寂光瀑布」是日光八景之一。

譯註8　和歌山縣的古稱。

譯註9　屬新宮川水系，是日本的一級河川。上游有被激流鑿切出來的深峻溪谷，人稱「峽」。

譯註10　一里約為四公里。

譯註11　位於福島縣西部。

譯註12　日光市的湯元地區。

譯註13　一間約為一・八公尺。

譯註14　「禪頂」為山頂之意，尤其特指那些供人修道的靈山山頂。

譯註15　「捻餅」是在釀造日本酒時的產物。釀酒時要炊蒸粳米，在爨火起鍋前，釀酒師傅會從中取出少量米飯，在手中搗捏一番，揉成糕狀，以確認是否蒸煮至適當水準。這塊糕就稱為「捻餅」。

譯註16　長年在日光山修行的知名高僧，並開設了日光知名的中禪寺。相傳今日供奉在中禪寺的「十一面千手觀世音菩薩」，就是由勝道上人親手刻成，也是日本的國家重要文化財。

譯註17　正式名稱為「淺草凌雲閣」，是當時少有的高樓建築，當地人通稱它為「十二樓」。一八九〇年完工，後於一九二三年的關東大地震當中震毀。

譯註18 「室之八島」位在今日的栃木市惣社町。

譯註19 道鏡（七〇〇—七七二）是奈良時代的僧侶，在朝中備受天皇寵幸，但因覬覦天皇大位而假託神旨，最後事跡敗露而遭貶謫。

譯註20 古代日本國內有多個令制國，類似現代的「縣」，而「國府」就是現代的縣府所在地。

譯註21 藤原秀鄉是平安時期的貴族，相傳唐澤山城就是由他所建。如今在唐澤山頂的神社當中，仍然供奉著藤原秀鄉。

譯註22 位在滿願寺裡的一個鐘乳石洞窟，內有一尊「十一面觀音菩薩」的背影像，是洞窟內的鐘乳石自然形成。

◎作者簡介

田山花袋・たやま　かたい

一八七二——一九三〇

小說家，本名田山錄彌，生於群馬縣館林。幼時家貧，曾於私塾學習漢詩文。田山花袋於一八九一年成為小說家尾崎紅葉的門下弟子，在學英文閱讀西方文學的同時，也致力創作。他在一九〇七年發表的《棉被》，赤裸裸地描寫一位已婚中年作家對女弟子的傾慕之情，震撼日本社會。這部作品確立了日本自然主義文學日後的發展方向，也被認為是日本「私小說」的濫觴。這段時期所發表的長篇三部曲《生》、《妻》、《緣》，和一九〇九年發表的《鄉下教師》，都是田山花袋的代表作品，奠定了他在文壇和自然主義文學當中的地位。

田山花袋晚年將創作主軸轉向佛教，還有多篇旅遊文學作品。

伊香保名產

島崎藤村｜しまざき　とうそん

聽說七、八月幾乎每間旅館都會住滿客人，而我有空前往養身之旅的時間就只有幾天，那時正好進入梅雨季節，因此泡湯的住客也比較少。然而，在溫泉療養旅社那樣靜寂的時刻入住也不錯。

最近日落後突然變冷，我便決定前往伊香保。以往我從來不曾為了避暑出門旅行，夏天幾乎都待在東京市區，但另一方面，就像記掛著在春蠶、秋蠶取絲後要好好休息的農家人，我也會在自己工作閒暇之餘，出門來趟小小的旅行。我大多會往湘南地方去，到湯河原一帶享受二、三天的養身之旅，因為在那片溫泉地，長期累積的工作疲勞會逐漸散去，而且只需要花很短的時間就能輕鬆前往。今年的六月，進入梅雨季之時，我稍微改變路線往山的方向前去。因此我開始了自己首次的伊香保之旅。

野外的麥子這時正是成熟的季節，到處都是深綠色密集生長的秧田，眼前的景色鮮明，但從上野車站到高崎短短兩個半小時的原野火車之旅，令我感覺十分單調。把我從這份單調感拯救出來的，是接下來陸續在眼前出現的榛名、妙義和赤城等群山的山景。無論何時搭火車經過，從那片利根川的流域眺望上州群山的感受都很新鮮且深刻。這和我們從東海道一帶望向足柄連山的感受又不太相同，有另一番意趣。之前我有七年的日子在小諸山上度過，每次往返東京，從火車車窗望出去所見上州那片群山的景象，令我至今仍無法忘懷。

伊香保不像我想像中那麼位處深山，不如說更接近山腰的位置，朝北的山谷讓我很快就習慣待在這裡，這一點也讓人開心。聽說七、八月幾乎每間旅館都會住滿客人，而我有空前往養身之旅的時間就只有幾天，那時正好進入梅雨季節，因此泡湯的住客也比較少。然而，在溫泉療養旅社那樣靜寂的時刻入住也不錯。這趟伊香保之行，我把之前俳句作家籾山梓月老弟送我的《伊香保日記》放進旅行袋裡。那是籾山老弟把他在鎌倉寫的日記和其他文章一同收錄的著作，從之前就以非賣品的形式在認識的人之間流傳開來，可說是嘔心瀝血的作品。收到贈書至今已然過了五年，有很長一段時期我也沒有時間再度翻閱，就這樣收在書箱裡。果真是不隨意浪費每分每秒的人發自真心所寫的內容，過了好幾年之後再次翻閱，我還是覺得很喜歡。那本日記有部分內容看起來是因病五十天沒有出門，痊癒後首次出門，那些文章最令我動容。內容是描述他外出旅行也莫名辛苦，且偶爾會感到暈眩。

外出秋之旅，老人留家中
玉米已採收，您在家中多食用
期盼朝顏遍籬笆

這首詩是日記中讀到作家出門所寫的詩句，人因病所苦，接著又因痊癒後的掛念所苦，詩中滿是這份掛念之情。尤其是把老人留在家裡，因而不經意流露的抒懷之情深深打動我。如此說來，這也不是我獨自一人的旅行。我請從川越來到東京的老母親留在家中，由妻子陪伴踏上這趟養身之旅。

日記裡還出現「告別她」這個伊香保特有的詞句。從前，還沒有往返於這片溫泉地的電車和車輛，那時每年夏天，還有很多扛著山中用的竹製轎籠的男人會從山腳各個村莊來此聚集，接送泡溫泉的旅客。到了山裡也差不多開始變冷，泡湯客都離開的季節到來後，便開始期待九月十五日這一天的夜晚，一群同伴小酌幾杯互相慰勞；來到伊香保，以砍柴打獵維生的人們也準備下山，回到心心念念的家鄉，這些人全部聚在一起，徹夜狂飲，其中，據說抬轎人之間流傳著「告別她」這句話。

「告別她」這個詞從久遠以前便在伊香保流傳，我覺得自己現在也能體會到當時那些人的感受，但這句話的意思就連當地人也已經不清楚了。伊香保日記的作者也提到這個詞的由來。書上寫到，「她」指的應該是「那女孩」，如果是這樣的話，那麼告別她指的就是向那女孩告別，也就是來此賺錢的男人向他們在此處邂逅、熟識的女孩告別。作者曾試著詢問當地的居民，他們說自己並不清楚。即使我們能體會過去說出「告別她」這句話的背景，卻無法說得明白。話說回來，「她」這個詞，在我家鄉木曾的方言裡也會出現，是用來指母馬。這麼說來，告別她指的會是與熟識的當地女孩告別的意思嗎？

我們由澀川出發抵達伊香保時，正值時而晴朗時而陰鬱的一個下午，偶爾能看到微微露出的陽光往山谷的窪地照射過來，偶爾則有雷雨降臨。和去到輕井澤一帶空氣乾燥的高原地的感覺又不太一樣，因為我們置身於山腰處，能呼吸到濕潤的山中空氣。整片天空一掃剛剛的陰霾，即使身處旅館，也能夠欣賞遠方的山景。忍不住覺得，真的是秋天啊！

來到這裡聽到的小鳥叫聲，也讓我想起自己的家鄉。那木曾山上長滿的柳杉、扁柏，還有栗樹森林等，在眼前的伊香保也都能看到。和我的家鄉相比，這裡的山谷沒有那麼深，森林區也沒有那麼大，但相對地，也有我的家鄉沒有的天然資源——這裡有許多處山中溫泉，雖說是燙了點。

雖然伊香保可用的水資源不多，卻也讓我想起自己的家鄉。只要坐纜車上山，就能看到山上有個像是榛名湖的區域，水量充足，能養活鯉魚、鯽魚，以及西太公魚等魚類，但即使想開墾為田也無法灌溉，也沒有冷水能注入高溫的溫泉裡，實在是太不可思議了。聽說前幾年的伊香保大火也是由於這個原因而造成的。同樣是古老的溫泉，卻無法像熱海一樣無限發展，也是因為這種大自然的制約，我想當地人應該也對這樣的情況相當苦惱。然而相對來說，此處山間湧出的清水十分甘甜。那種清甜是海岸地區沒有的。某個地區的人有句話說，飲溪水者就連心也純淨。平時喝的水無論是輕、是重、是粗暴、是溫柔，都會自然影響到我們的體質與氣質，我認為這是有可能的。從這層意義來看，伊香保四處都充滿鄉村風情，少有其他溫泉區常見的華麗感，或許說這是當地人一直以來引以為傲的純樸也並非偶然。

山中的溫泉區和人們挖掘的溫泉無甚差別。古時候人們在這裡設置禮神拜佛的靈場，現代人則開設滑雪場等娛樂與運動的設施。這些古老與嶄新的場所在此同時並存。遠從兩百年前代代在此經營溫泉旅社曾經相當自豪，如今已經分不清本家與分家的差別，這種時代感和近代的纜車等設備與規模龐大的電氣事業放在一起，多半會令人感到極具衝突，然而在這片溫泉地卻不會令人感到如此不協調，這一點也很不可思議。幾乎可以說，包含在其他任何地方的溫泉區都找不到的低俗感，到能洗清一切的自然萬物都融合成一體，而讓人得以忘卻那份不協調感，都要歸功於溫泉。

這趟旅行中不合口味的食物也不少。像我們這種預計大約三天來回的人，只要待在能看到山的旅館二樓，即使躺在房裡也能感到相當滿足，來到陌生的土地不會奢求太多。然而，我們不知道在這趟短暫的養身之旅能收獲多少樂趣，只希望能吃到至少合自己口味的山家料理。在這種不得已必須急忙燉煮好食物的溫泉旅社等，面對各自有不同喜好、年齡也不相仿的男女旅客，分別製作不同料理或增減鹽分，以求讓所有人滿意或許是不可能的。然而，這是個適合以山蕨入菜的季節，把它調味得又甜又鹹再加以燉煮，讓它失去了原本新鮮的山菜風味，實在可惜。似乎並非只有我們這麼想，來伊香保泡溫泉的親戚等人也都這麼說。雖然如此，能夠開心地泡進舒暢的溫泉，僅僅如此就讓我們獲益匪淺了。我們光是從當地人口中，聽聞與這溫泉區頗有淵源的已故小說家德富蘆花老弟的小故事，就讓我們感到心滿意足，回程前，我們買了伊香保的名產粽子和溫泉饅頭當成伴手禮，並且為了留在東京家中等著我們回家的老母親，買了木雕菸絲盒等禮物。

下山時，我們的汽車上也載了一位旅社的女員工。那位女員工想去治療牙齒，便問我們能否讓她一起搭車到澀川。這也是東海道之旅不會發生的插曲。

◎作者簡介

島崎藤村・しまざき　とうそん

一八七二——一九四三

大正時期小說家、詩人。明治五年二月十七日出生於日本筑摩縣馬籠村（現岐阜縣中津川市），本名島崎春樹。在學期間受洗為基督徒，並展開對文學的熱忱，一八九三年參與文藝雜誌《文學界》的創刊，陸續於雜誌上發表劇詩、小說。一八九七年出版第一本詩集《若菜集》受到注目，被視為日本近代詩的起點，一九〇六年出版歷經七年完成的第一部長篇小說《破戒》更獲文壇激賞，奠定自然主義文學旗手地位。後因苦於與姪女間的不倫關係遠走法國，歸國後將這段經歷寫成小說《新生》做為懺悔。另有代表作《家》、《黎明前夕》等。

磯部的新葉

岡本綺堂｜おかもと　きどう

馬路旁、家家戶戶的庭院裡、公園與山丘，到處都能看到櫻花古樹的枝枒，相互交錯地繁茂生長。可以說磯部的新葉全都是櫻花樹的新葉。鴿子的白色翅膀猶如白雪做成。鴿群蜂擁而至，讓這座溫泉之城的新葉，滿布翠綠色的光芒閃閃生輝。

今天也下起如同無數貓毛飛舞的細雨，悄無聲息地沾濕磯部的新葉。家家戶戶燒熱水的煙霧也在低空繚繞。五月的天空就像疲倦的人，偶爾微微睜開眼，流淌出帶有夏日氣息的陽光，卻又瞬間入眠，變得一片陰鬱。即使雞群意氣風發地啼叫、麻雀也吱吱喳喳叫個不停，上州的天空似乎仍然難以從夢中醒來。

「真是困擾啊！」

只要見到人就會先說這句話，它已經成為這個時期的寒暄語了。無論是在走廊和澡堂相遇的短期住宿旅客，或每天送三餐的旅館女員工，每天都會重複說出這句話。我自然也是其中的一個。我從東京帶了一項工作過來，每天都待在這裡，在稿紙上振筆疾書，對於這連綿不絕的雨不像其他泡溫泉療養的旅客受到那麼大的影響，卻也學著人們把「真是困擾啊！」這句話掛在嘴邊。溫泉療養或是休養生息的人，在上州[1]這一帶，這個時期正值一年中最忙碌的養蠶季，養蠶人家會盡力避免讓蠶吃到潮濕的桑葉。想到這裡，就覺得「真是困擾啊！」這句話也絕不會是毫無誠意的寒暄。它對這一帶的村莊和城裡的人來說具有重大的意義。我決定，遇到當地人時我也會真誠地說：「真是困擾啊！」

思來想去，今天多半也不會放晴了。我撐著傘外出散步，滿山遍布的桑樹田在雨水中一片朦朧，如同綠色海浪。往西邊望去，不見妙義山的身影；往東北望去，赤城和榛名也身處烏雲之中。身穿蓑衣、頭戴斗笠遮雨的人來回穿梭，忙著運送桑葉，馬背上堆疊大量桑葉，看來相當沉重。那些桑葉都堆在草蓆上，但那些綠色葉片相當潮濕，像是煮過一樣。我終於忍不住沉痛地說：「真是困擾啊！」心中十分感嘆，並想起人們說「上毛三大名山[2]」的灰暗烏雲會不斷湧現這件事，彷彿詛咒一般。

磯部有許多櫻花樹。說到磯部的櫻花，它是上州的名勝之一，春季時分會有大批群眾從長野、高崎和前橋等地來此造訪，對此，當地人相當自豪。果然，一抵達停車場，每個人都能立即看到大片盛開的櫻花。馬路旁、家家戶戶的庭院裡、公園與山丘，到處都能看到櫻花古樹的枝枒，相互交錯地繁茂生長。可以說磯部的新葉全都是櫻花樹的新葉。鴿子的白色翅膀猶如白雪做成。鴿群蜂擁而至，讓這座溫泉之城的新葉，滿布翠綠色的光芒閃閃生輝。像是在吹口香糖似的青蛙微弱叫聲從四面八方傳出，新葉的色調隨即籠罩上一層墨綠色，彷彿正憂思傷感。

鴿群以晴天使者的身分飛來，鑽進櫻花樹新葉的那一天，人們經常掛在嘴邊的「真是困擾啊！」這句話暫時消失了蹤影。今天也不見晴天使者的身影。我從旅社二樓抬頭看，發現妙義道延伸出去的南方高聳山崖路被新葉掩埋。

旅館的庭院裡，除了櫻花樹以外還種了許多梧桐與槐樹。梧桐細長的綠葉還沒長到手掌大，但生長多年的槐樹樹葉的枝椏也繁茂生長，彼此交疊，即使只有微風輕拂，也會如受到驚嚇般顫動。其他還有梅樹、楓樹和杜鵑都在此群集，將夏日的色彩染成綠色。然而這裡的植物多少有幾分人工的痕跡，因此我向外走去，一步出旅館門口，就發現大自然正用櫻花樹新葉為這座城的初夏增添色彩。

雨勢暫歇之際，城裡的孩子和旅館的男人就拿著掃帚和火把燒櫻花樹上的毛蟲。在整片櫻花樹新葉的背景前，一輛輛汽車開過、載運桑葉的馬匹走過、各家旅館開始更換榻榻米、短期的住客外出散步、藝妓前往溫泉、雪白的鴿子吃著餌食、漆黑的燕子在馬路中翻跟斗；入夜後，青蛙鳴唱、貓頭鷹啼叫、到各家家門口表演賣藝的人現身，而碓冰川的樹蛙還未迎來鳴唱的時節。

我前年夏天到這裡時，曾去下磯部的松岸寺參拜，今年也在散步途中過去一趟。那是個讓人想說：「真是困擾啊！」的陰天。那天傍晚，我在旅社的浴衣外套上一件法蘭絨毛衣，從桑樹田吹來水氣充沛的涼風直刺我的皮膚，冷得徹骨。

寺院東方以安中路為界，看起來這一帶整片的桑樹田已經大肆入侵寺內了。然而宏偉的正殿和廣大的墓地，可以輕鬆證明這座古剎有所來歷。這座寺院裡有佐佐木盛綱和大野九郎兵衛的墓，因而頗負盛名。佐佐木於久遠的建久時代

（一一九〇年—一一九九年），在磯部蓋了一座城，現今在停車場南邊也還有城山的古蹟殘存，因此以佛教五輪塔形式堆砌而成、現在已滿布青苔的墓石幾乎整個保留了下來。並列在旁的還有佐佐木妻子的墓碑，一旁還能看到明治時代新製的大石碑。

我的注意力倒是被大野九郎兵衛的墓吸引了過去。墓碑的大塊基石上盤踞著高約五尺的橢圓形石塊，石塊正面刻著慈望遊謙墓，右邊則刻著寬延〇年，由於已經磨損，看不出來是哪一年。墓碑位於正殿旁面朝南方，背後是巨大的柳杉古樹；墓旁還有高大的櫻花樹聳立，枝條往外長長延伸，幾乎要蓋住墓碑。周圍還有不少古墓。柳杉的枝葉繁茂，甚至讓白天變得昏暗。自從人形淨瑠璃、歌舞伎的代表性劇目《假名手本忠臣藏》的作者竹田出雲以大野九郎兵衛為人物原型，創作了斧九太夫這號人物以來，大野九郎兵衛就幾乎成為無良角色的代表，在眾人口中流傳，這個元祿年間（一六八八年—一七〇四年）的武士，就在這裡長期定居下來。

前年初次參拜時，由於不清楚墓碑的位置，便請寺中僧侶帶路。那是位優雅的年輕僧侶，為我講解了許多典故。據他所說，似乎是當年淺野家在磯部這裡領屬的零散土地約三百石[3]，因此淺野家滅亡後，大野便來此安身立命。後來，他也不再以大野為姓、九郎兵衛為名，只以「遊謙」自稱，成為僧侶。他搭建了一間小茅屋日夜誦經，並把村莊的孩子找來，教他們讀書寫字。他親筆所寫的習字本至今還在村莊裡，身處磯部的他絕非不受歡迎。面對學生，他親切教導，同時也廣施慈善，碓冰川的堤防也是他出錢修整的。看到墓碑上刻了寬延的年號，想來他應該很長壽。他孤家寡人沒有子嗣，全靠學生把他的骨骸葬在這裡。

「看他的墓建造得如此華麗，村裡的人應該相當尊敬仰慕他吧！」我說。

「或許是吧！」

僧侶用溫柔的口吻回答，似乎對他感到同情。「即使是不忠、不義者，若有緣埋葬於此寺內，就該施以同等的慈悲。」年輕僧侶是否抱持這種宗教家溫暖的想法，或是出於其他理念？他的思緒我不得而知。樹上的油蟬正苦於夏天的暑熱大肆鳴叫，我在樹下向僧侶表達我深切的感謝後便向他道別了。僧侶消瘦的身影在芭蕉寬大葉片的陰影下消失遠去。

佐佐木盛綱為了自己的功名，將藤戶的無辜漁民當成犧牲品殘忍殺害，歷史學家讚譽他是位忠勇的鎌倉武士；大野九郎兵衛選擇不加入復仇的同盟，在祈求先祖冥福與默默行善中度過餘生，這樣「不忠」的元祿武士，就連淨瑠璃的作者都要對他筆誅墨伐。我雖然想再叫住剛剛那位僧侶，問清楚他對元祿武士真正的看法，但察覺到已經造成對方的困擾，便打消這個念頭。

這次再度造訪，佐佐木的墓和大野的墓都如同之前一樣，大野墓前的花器裡插著白色杜鵑花，是不是之前那位年輕僧侶供奉的呢？我沒有與僧侶見面就離開了，在一處似乎是他的起居室的房間拉門緊閉，低矮的方格籬下方紅色的芍藥盛放。

走出旅館大門後踏上右邊的小徑，會看到圓形石塊堆砌而成的七、八階石階，不太好爬。爬到石階最高處的山丘上，有間大大的藥師堂朝東面佇立，堂前掛著扁銅鼓，銅鼓上綁的紅白色長繩垂墜；裝飾斜屋頂用的木連格子前還掛了很多奉納的繪馬。另外也看到寫著「め」的匾額，還貼有寫著參拜者姓名地址的千社札。右手邊圍繞著長滿櫻花樹新葉的小山崖，但寺院的範圍也沒有那麼大，因此低頭就能一眼看到堂前較低處的房子。我之前不時會來這裡散步，但大多是一大清早，不曾見到像是來參拜的人。

然而我曾見過一位年輕女孩。女孩看起來像是十七、八歲，髮型梳的是不會太老氣的「銀杏返」，身穿織紋凹凸交錯的單層和服，繫著紅色腰帶。她的氣質看起來像是在這座山丘下生產汽水的礦泉公司工作的女工。膚色雖然有點黑，樣貌卻絕不算醜。女孩用手臂夾住淋濕的洋傘，在堂前跪了很久。毛毛細雨從頭上的新葉灑落，髻上鬆脫的髮絲垂掛在女孩的鬢邊，白色水珠就在髮絲上停留，那模樣令人看了十分不忍。過沒多久我就站起身來，女孩卻文風不動。

藥師堂正對面的人家已經起床。他們在房子的屋頂下堆了很多採收桑葉用的竹簍，年輕的妻子固定好和服的袖子，在蠶架前工作。不知道年輕女孩在祈求什麼？年輕的人妻生活似乎非常忙碌。

不知從何處傳來蛙鳴，滂沱大雨隨即而至。女孩依然專心祈求，人妻則開始慌忙收拾屋頂下的竹簍。

譯註1　上州。日本古代地名，大約是現在的群馬縣一帶。

譯註2　上毛三大名山。上毛是上毛野的略稱，是群馬縣古時的國「上野國」；上毛三大名山是赤城山、榛名山和妙義山。

譯註3　三百石。一石指的是可收穫一石米的稻田面積；一石米約為一八〇公升。

岡本綺堂・おかもと　きどう・一八七二—一九三九

◎作者簡介

岡本綺堂・おかもと　きどう

一八七二——一九三九

小說家、編劇，本名岡本敬二，出生於東京，曾任報社記者。

岡本綺堂自少年時期就立志成為歌舞伎演出的編劇，後來除了劇本之外，還創作了許多推理、偵探小說作品。他最為人津津樂道的作品，就是以江戶城為背景的偵探小說《半七捕物帳》系列。這個系列的創作靈感，最早是來自於柯南・道爾的《福爾摩斯》，但作品內容卻洋溢江戶風情，推出後大受歡迎。岡本綺堂從四十五歲開始連載《半七捕物帳》系列小說，寫到六十五歲，共創作了六十九篇，後來還改編成歌舞伎、落語等不同形式的作品。

岡本綺堂在編劇方面的表現也不俗。《修禪寺物語》、《鳥邊山殉情》等作品，至今仍是日本歌舞伎界人氣歷久不衰的經典戲碼。

從霧峰往鷲峰

德田秋聲｜とくだ　しゅうせい

轉向身後，只見青綠色的山頂、山肩和山腰從厚重的雲霧間隙中偷偷露臉，犒賞我們拖著疲憊雙腳來此一遊的辛勞。那幾座山應該是大笹峰、蝶蝶深山、車山和蓼科山吧！

不管從哪方面來看，今年都不適合長途徒步旅行。如果在平原走走倒還可以，但至少在山岳成群的日本要想健行，多少也要進入一部分山區才有意義，但像今年這樣潮濕的秋天，降雨總是數日連綿，除非運氣特別好，否則也很難好好享受愉快舒適的徒步旅行。一旦下雨，厚重的雲霧就會虁罩整座山，使得特地上山卻無緣欣賞山的樣貌，如果不穿戴上嚴密的遮雨裝備，就會渾身濕透，大多數人都會因而感冒。我雖然沒有那麼誇張，但由於我穿著自己日日在銀座散步時穿戴的輕便裝備出發，爬上不到三里的山坡，抵達霧峰的小屋時，鞋帽都已經濕漉漉的，便在小屋泡澡，並坐進暖桌裡取暖，因為我患有肺氣腫，如果不泡澡取暖，可能會演變成肺炎，說不定下山也會有困難。當然，由於出發那日天氣很好，我們一大早就從新宿出發，無論是下諏訪還是上諏訪，總之只要當天能到達霧峰，即使在那裡過一夜，而隔天上午山中也算不上是秋天，至少只要沒有下雨，攀爬秋日的高原地肯定是相當愉快的行程。然而我們從上野出發，特地爬到和田峠時已經入夜，隔天看起來又要下雨的樣子，也不可能等到萬里無雲才出發，因此決定再往前走到下個地點（從下諏訪到東餅屋），便展開從鷲峰到霧峰的橫跨之行，結果，我們浪費了第一天的好天氣，就這樣在火車和巴士上度過了。

在下諏訪的桔梗屋，支局的中島先生向本社的山中先生和我們父子倆介紹長尾宏也先生。他既是登山小屋的老闆，也是熱愛群山的研究者，曾撰寫《山鄉風物誌》這類精彩有趣的作品，這位青年更以霧峰滑雪場開拓者的身分聲名大噪，這次特意來此為我們擔任山中嚮導，讓我們瞬間信心倍增。他們還解說了霧峰的地質和生物相關的基本科學知識。

隔天，我們在東餅屋附近下車。由於今年天氣不太好，我從夏天開始就帶著煩人的呼吸器，感覺十分壓迫，讓我感覺很困擾。準備爬上斜坡時，我最後還是把它拿下來稍微喘口氣，並把長尾先生在旅社時幫我纏在腳上的登山用綁腿拆掉後，感覺輕鬆許多。畢竟說是登山，倒也不是多險峻的山勢，再加上長尾先生稍微低估了我的腳力，一般只需兩個半小時的路程，他讓我們以兩倍的時間，也就是五個小時才走完，當然，原本不需要花那麼多時間，但他以陪伴殘疾者的標準帶領我們，中途自然經常停下休息，休息時，他有時會指著彷彿包覆著銀灰色頭紗的綠色山景，我便沿路欣賞，終於在爬到鷲峰山腳，來到八島池畔時，雨滴開始落下，只見面前高山的山稜上塗抹的那道灰色水霧開始團團往下愈降愈低。池畔的芒草連綿叢生。說是水池，其實水量極少，看起來像是苔蘚的草遮蓋其上，就像一床毛毯鋪滿池中。看過這一帶的沼澤地中八島池和鎌池的水坑後，也終於能理解長尾先生所說的高沼地是什麼模樣了。

我們一行四人走進一間為滑雪客建造的小屋，我們在裝飾用的火爐旁坐下，撿拾落葉松的枯枝和木屑等，蒐集一些後開始生火。小屋裡也沒有床，只有在土上堆滿稻草，上方再鋪上草蓆。整間小屋滿滿的濕氣，來這裡過夜的滑雪客似乎也不少，卻不太適合人住。我們煮了開水，一口一口吃著便當。我們聽著長尾先生從狐狸、兔子聊到獾，邊吐著菸、邊吃蘋果時，充滿銀灰色水霧的雨，終於靠近入口的草叢裡孤獨盛放的山龍膽，和形狀多少變得有些清減的淡色薊花等植物擦身而過，朝我們接近。乾枯的雜草已經完全濕透，我們急忙出發，離開那裡。然而我們運氣不好，雨勢愈來愈猛烈，且我們必須跟在於前方帶路的長尾先生身後，跟著他的腳步前行，廣大無邊的芒草原中，雖然算是有條路可以走，但要用手和腳撥開濕答答的草，所以走了大約兩、三公里後，鞋子和長褲都已經濕透。混合了黏土和岩石的斜坡不斷有水從草根湧出，又黑又濕，我們一下往上爬，一下往下坡走，走著走著，我們已經登上海拔近六千尺霧峰山頂上。來到巨大火山岩塊層層堆疊的防火地帶後，終於在左手邊地勢稍低的地方看到長尾先生的小屋，它的外型就像是格局方正的飯店。轉向身後，只見青綠色的山頂、山肩和山腰從厚重的雲霧間隙中偷偷露臉，犒賞我們拖著疲憊雙腳來此一遊的辛勞。那幾座山應該是大笹峰、蝶蝶深山、車山和蓼科山吧！

要描寫小屋的擺設會寫得太長，在此就省略了，但當我看到鋪了木質隔熱板的牆壁、三層構造的窗戶，以及有四尺大的兩個暖桌等設備，在顧忌冬天滑雪季暴雪的同時，想像我們隔天早上能在雨勢短暫停歇時，近距離窺見阿爾卑斯連綿群山的壯麗景色，一邊在六千尺的高原地，沐浴在讓山嶺閃耀銀白色的紫外線中，從一座山峰跳往另一座山峰滑雪會有多麼愉快，就覺得心滿意足了。

我們在長尾先生的款待下感到十分放鬆，一個晚上很快過去，隔天，我們就在午後陣雨中來到上諏訪。接著在布半溫泉為已經變冷的身體取暖，並把濕透的衣服和鞋子放進乾燥室裡。

◎作者簡介

德田秋聲・とくだ しゅうせい

一八七二——一九四三

小說家，本名德田末雄，出生於石川縣金澤，曾任報社記者、編輯，是自然主義文學的巨擘。

德田秋聲於一八九五年成為尾崎紅葉的門下弟子，一九〇〇年在《讀賣新聞》連載的《雲的去向》，為他在文壇打響了名號。後來他的私小說〈黴〉，在夏目漱石推薦下，得以在報刊《東京朝日新聞》上連載。此後德田秋聲一舉成為自然主義文學的代表人物，與田山花袋、島崎藤村齊名。川端康成曾大讚他是「小說名家」，肯定他的寫作技巧爐火純青；而他的作品內容，總不忘關注弱勢，深入市井庶民生活。前期代表作品有〈新家庭〉、〈足跡〉、〈黴〉、〈爛〉和〈粗暴〉，後期則有〈喬裝人物〉、〈縮影〉等。

淺間山麓

若杉鳥子｜わかすぎ　とりこ

我在小諸的街道選購風景明信片，最後選了一張作者島崎藤村的特寫，看起來幾乎就像電影明星一樣十分誇張，上面還有〈千曲川旅情之歌〉的詩碑。都到這裡了，便想著順道去看看。

幽暗的落葉松樹林深處，布穀鳥不停鳴叫。一如以往不害怕人類的樹精，也從對面山頭發出呼喊。目前正值七月，日本樹鶯的鳴叫混雜山間溪流的聲響，顯得嘈雜擾人，然而在這裡，日本樹鶯幾乎多到像麻雀一樣，並不罕見。

撥開峽谷的草叢往前走，可以看到一間廢棄的房子。陰暗的屋內，有個長滿滑溜青苔、破爛不堪的浴池，裡面冒出來的熱水滾滾流瀉而出。熱水燙到甚至不能用手觸碰，噴泉沿著導水管，淋在屋外的鋪石路上，在遠處形成溫泉，而後流至蘆葦叢中。把腳泡進去，溫熱的泉水和黃色的纖毛會相互交纏，並冒出硫黃的香氣。或許是因為距離花開的季節尚早，只有燕子花和紅色捕蠅草這類植物盛開。聽說這段期間，這一帶的居民會把醋栗泡進燒酒之後食用。那些醋栗的果實，看起來就像是綠色的半透明糖球。野薔薇濃得嗆鼻的香氣不時飄來，我爬上白樺和落葉松之間熔岩四散的道路，才走一會兒，就突然走到平坦的山丘上，淺間火山噴發的景象在我眼前倏然出現。如果從遠處遙望，淺間山看似只是穩穩端坐著；走近點看，就會發現它挺直了穿著綠色上衣的胸膛，並且露出曬到脫皮的古銅色方形肌肉，就像在訴說自己過往的經歷。

我暫住的房子既是醫院也是旅館，不，或許說它既是旅館也是醫院更為恰當。為了讓屋子裡不要有濃濃的醫院氣味，就連消毒液也選用沒有臭味的高價用品，而面向淺間山頂的簡陋老屋就是病房。一大早，務農的老太太們就會背著生病的孩子，走一段遙遠的路程來到這裡。來看病的老太太說：

「告訴你啊，以前呢，只有一些病重的人會到長野去，最近哪，不管是盲腸還是哪邊不舒服，都可以來這裡做手術，大家都變得健健康康的哩！」

說到這位讓民眾萬分感激的院長，她經手了很多場外科手術，所以八成大家都會想像她就是一般外科醫生的樣子。但其實她是位梳著特別大的橢圓形髮髻，還在髮髻上繫了紅色小鹿髮帶的優雅美人。

「嚇死人了，竟然讓女人做外科手術。」在這裡借宿的學生們往手術室裡窺看後，說出了這種失禮的話。然而抱著寶寶、年輕有活力的已婚女人包著白色手術衣、拿著手術刀的模樣確實讓人難以想像。下午，載院長外出看診的汽車來了：「嘿，小哥，我要去看那位農婦。」丈夫從年輕妻子的手中抱過寶寶後，梳著大髮髻的院長便把包包交給一個護士，從容地坐上車。

院長在黃昏時出發，回來時仍然是黃昏，大批患者都爭相來目睹這位年輕的女醫生。在濃霧瀰漫的日落時分，手上抱著寶寶的農婦，就這樣穿著汙穢的種田工作服，坐上汽車趕到醫院。聽說她讓寶寶摔進了馬桶。不是媽媽生孩子時讓他掉進馬桶，而是現在正值農忙時節，無法時刻陪在寶寶身邊，寶寶趁沒人注意自己爬過去的。年輕的女醫生聽護士說完後，挽起綁好的美麗秀髮，兩道細眉的額間微微蹙起，問道：「寶寶有呼吸嗎？有發臭嗎？」

但她隨即又恢復醫生該有的冷靜風範，往醫務局走去。聽說她其實是女子醫專畢業的產科小兒科醫生，但畢竟身處這人手資源短缺的山中，一般的要求自然就得像這樣，同時兼外科或其他科的醫生。

我在小諸的街道選購風景明信片，最後選了一張作者島崎藤村的特寫，看起來幾乎就像電影明星一樣十分誇張，上面還有〈千曲川旅情之歌〉的詩碑。都到這裡了，便想著順道去看看〈小諸古城邊〉的碑，我向街上的行人打聽，對方說他不清楚。於是我走進理髮店打聽看看，老闆便直接拿著剃刀走出店外笑嘻嘻地幫我指路，一臉「你要去看那種無聊的東西啊」的表情。我在車站前，分別穿越一間間已塗上白漆和仍是毛胚的房子，穿過平交道後，就來到名為懷古園的城樓遺跡前。寫著「懷古園」三個大字的匾額懸掛在城門上，是出自德川氏的手筆。城門前有個立牌，上面寫著「元和元年仙石秀久築城，寬保二年因大水毀損，於明和二年由牧野康滿重新改建……」

我向茶店的老爺爺打聽：「島崎先生的碑大概在哪裡呢？」老爺爺便告訴我，穿過動物園後過橋，再直直穿越馬場就會看到了。城內果然有古樹繁茂生長。我下山走到鹿之谷後發現，雖然是白天，這裡卻顯得昏暗，清冷的崖邊，這些鹿就像無期徒刑的囚犯一樣，憂鬱地蠕動。從這裡再上山就是一片平地，這裡設置了一座動物園，猴子和熊在柵欄裡痛苦地踱步，看起來似乎很熱；收音機裡播放著爵士樂，和旅行的氣氛、和任何一切都不搭調。老爺爺說的那座橋叫「白鶴橋」，是橫跨山谷架起的吊橋。一踩上去就咿呀呀地晃動；孩子們跑步過橋時，欄杆就會吱吱作響。下方是一片漆黑的山谷，交讓木的巨大樹體從谷底直直聳立，樹尖從橋上露出臉來。從前是哪些人在此處往來呢？是武士？僕人？婢女？當時想必是滿布山葛等植物的險峻吊橋，下起雪來又是多麼美不勝收？總之，這裡總算是能夠稍稍感受到一絲童話的氣氛。雖然這裡仿造了法國楓丹白露森林裡畫家米勒和盧梭的紀念碑，把刻畫〈千曲川旅情之歌〉的碑塊嵌入天然石裡，設置在遺跡所處的山崖上，但相較於詩句中所提「千曲川柔柔水波」的那千曲川，眼前新蓋的製絲工廠建築更是近在咫尺。另一頭的翠綠山丘下蜿蜒流淌的千曲川河水，看起來也只不過就像從繁茂的古松之間奔騰急湧的泡沫般發出閃閃白光。

城樓一般多是蓋在高處，這座城卻是穴城，取千曲川的水利之便，因此這種築城方法，從以前到現在，日本都沒有過類似的例子——當地的青年這麼說，但如今已經看不出原來的模樣，只剩石牆佇立。

我在石碑旁剛坐下，一群穿著輕薄洋裝、撐著洋傘的女孩一起走上來，也來到這裡休息。然而她們只隨意瞥了一眼詩碑，便俯瞰遠處的景色，一邊聊起天來。接著，她們指著左方如怪物般橫跨的三條巨大排氣管說：「如果說信濃川是東洋第一，那這水電的排氣管就是日本第一了，很厲害吧！」語氣中滿是激動與驕傲。對方聽我露出不以為然的笑，便一臉嚴肅地轉頭看著我說：「我是說真的！」若是如此，那麼這座古城遺址多半也將不再有令人追思的氛圍，最終將被工廠的煤煙掩蓋吧！

◎作者簡介

若杉鳥子・わかすぎ　とりこ

一八九二——一九三七

小說家、短歌歌人，本名板倉鳥，出生於東京。曾任報刊《中央新聞》記者。

若杉鳥子從小就被送養到茨城縣的藝妓置屋（訓練所）當養女。原本該成為藝妓的她，卻愛好寫作，從十二歲起便開始投稿，並師事同鄉的詩人橫瀨夜雨。

一九二九年，她在《文藝戰線》上發表的〈烈日〉受到文壇肯定，成為女性無產階級文學作家的先驅。一九三七年因病過世後，隔年由丈夫板倉勝忠將她的遺稿整理成冊，出版《歸鄉》。若杉鳥子生前僅在報刊雜誌發表作品，歿後多年才有《渡良瀨的風——若杉鳥子短篇集》、《一水塵——若杉鳥子詩歌集》、《奔向天空——若杉鳥子隨筆集》等作品集問世。

孤身之旅

若杉鳥子｜わかすぎ　とりこ

最後，朋友說她要往赤城去，我也決定回東京，因此那天下午，我們在碓井的山腳道別。我轉身目送這位既沒有背包也沒有多餘行囊，只靠著一支雨傘翻越一道又一道山嶺的朋友踏出輕快的步伐。

火車通過Ａ車站之後便開始起霧，讓我無法看見淺間的模樣與沿途的景色。寒風併隨一陣細雨，山際邊的山羊默默甩著頭。到第三站下火車時，天色已經一片昏暗，雖然有汽車，但聽說距離目的地大約兩公里，用走的也能到——我對自己的腳力還算有些自信，便直接穿著矮木屐開始步行。

我在市郊遇到一群清一色穿著藍色制服的女孩。看起來像是附近的領班帶著這群女工出門遠足什麼的，這時行程結束，正準備回去，她們淋著雨急忙往車站跑過去。我穿越市中心後，就再也沒有遇到其他人。雨勢愈來愈猛烈，道路是平緩的上坡，愈往上走，原本隨處可見的小木屋等景象也都看不到了，只見左手邊是深遠漆黑的落葉松森林，右手邊則是斷崖，崖底湍流的水勢因濃霧籠罩、一片朦朧，只聞其聲卻無法看見，讓人感到不寒而慄。我心裡感覺不妙，但要回頭又覺得可惜，然而若是在此處被濃霧包圍，不知道接下來會怎麼樣。心中的不安驅使我開始往前奔跑，但我卻不知該走向何處，面前層層疊疊的群山也完全消失在視野中，就只剩我獨自一人，雨水與汗水濕透全身，在霧中無意義地前行。此時天色雖然黯淡，總還有些許微光，我便急著想趁此時走到目的地。幸而這道山路我曾走過一次，所以大概知道怎麼走，總算順著路發現那間旅社的燈火。

此時還只是七月上旬，因此住宿的旅客稀少；回想之前我造訪此處時，適逢鄉下的盂蘭盆節，庭院中舉辦跳盆舞等活動，一間空房也沒有。說到旅社，附近一帶不只有這一間，再加上時間已經是晚上九點，現在想回東京也來不及了。當時我不覺得擔心，直接向旅社詢問：「有沒有什麼地方可以讓我睡一覺呢？」「嗯……全都客滿了。」「雜物房的角落也沒關係。」我堅定地發問，並走上旅社的玄關。接著，我身後出現另一位女性詢問：「有沒有哪裡可以分個床位呢？」「這樣不太方便啊，因為我們這裡幾乎都是男客。」旅社人員回答。「和男人同一間房也無所謂。」現在我們有兩名女性，因此便更大膽地和店家商量。最後，終於在一陣混亂中找到可以過夜的地方。

那天晚上，我們兩人卸下行裝，泡在熱水裡談天說地。對方畢業於女子大學，是位帶有室內設計師特質，十分爽快隨興的女性。聊起來才發現我們有共同的朋友，而且她還是劇作家家中一位女史的親友，因此我們兩個忽然像是擁有十年情誼的朋友，變得十分親近。我們一起睡在狹小的房間，天南地北地聊起各種話題。她念完女子大學後，曾偶爾擔任記者，但目前在一戶人家中任職家教老師。到了今年秋天，她則拜託洛杉磯的朋友幫忙，準備前往美國。

隔天早上起床洗完臉，她從提袋中拿出眼藥水，接著一下倒在床上朝上仰躺，要我幫她點眼藥水。她張著清亮的大眼，看起來眼睛似乎沒有什麼太大問題，但她說：「因為啊，他所在的地方，即使眼中只有一條血絲，他們也會以此為理由拒絕日本人入境。」雖然我無法理解她為什麼要去一個如此排日的地方，但她說這些話時，展現出異常的熱情。

吃完早餐後，我們兩個幾乎是被趕出旅社的。她似乎有豐富的登山經驗，很喜歡不時望著遠處開闊的群山，拿出地圖比對。接著我們兩個人就在白樺林間漫無目的地亂走，最後，朋友說她要往赤城去，我也決定回東京，因此那天下午，我們在碓井的山腳道別。我轉身目送這位既沒有背包也沒有多餘行囊，只靠著一支雨傘翻越一道又一道山嶺的朋友踏出輕快的步伐。

今年，我仍然經常忍不住想起這位女性。然而這次我沒帶旅伴，繼續我的孤身之旅。獨自旅行的心情與其說是孤寂，不如說是無可奈何。如果前往某處就能與友人相聚，必定有許多朋友能在那裡暢所欲言，我們肯定會熱烈地品藝術、聊生活、談希望，然而我卻只是一味默默走著。這是因為無論出現在眼前的大自然有多美、多莊嚴，都仍不足夠，應該還有更能深深打動我們的事物才對。

會有這種想法，或許是因為我們身處都市，一直以來都逼不得已必須處於團體生活，因而才會如此渴望，能夠孤身自處。

槍嶽紀行

芥川龍之介｜あくたがわ　りゅうのすけ

橫躺在我面前的，是無數個立體的大石。它們滿布在狹窄峽谷的陡坡面上，一路相連到那些劃破天空的群山彼端，延伸到視線盡頭。若要形容的話，儼然就是我們這渺小的兩個人，置身在從遙遠山巔滿溢下來的大石洪流上。

來到「島島」這家位在鎮上的旅社，已是過午近傍晚時分。旅社門口的上框[1]處，有個年約三十、身穿浴衣的男人，吹著一根青竹笛。

我聽著高亢的笛音，一邊脫下了滿布塵埃的草鞋。女侍用淺盆裝了一些洗腳水送來。冷冽清澈的水裡，底部有些粗沙沉澱。

二樓緣廊邊的遮陽簾上，還映照著熾烈的陽光。或許是因為這樣，旅社裡的榻榻米和紙拉門，看起來都顯得汙穢殘破。換上夏季浴衣之後，我請人送來蕎麥枕，接著就這樣仰躺在地，信手拿出昨天從東京出發時買的《講談　玉菊燈籠[2]》來讀了幾頁。我看著書，心裡卻一直在意著浴衣上的漿臭味。

日暮之際，方才那位女侍拿著一個掉漆的托盤過來，裡面放著一塊浴牌。她說澡堂就在對面，請我過去泡個澡。

於是我穿上麻繩木屐，走進那家位在石子路彼端的小澡堂。澡堂的更衣處，頂多只有兩塊榻榻米大小。

澡堂裡只有我一個客人。泡在微暗的澡缸裡，突然有東西「啪噠」一聲掉進熱水中。我伸手把它撈起來，就著沖洗區的燈光一看，才發現它原來是一種名叫「馬陸」的蟲。掌心裡的褐色蟲子，在水中或伸或屈的模樣，看得一清二楚，讓我莫名感到一陣寂寥。

泡完澡回來，準備吃晚飯時，我請女侍幫我安排一位槍嶽的嚮導。女侍二話不說地答應。她先幫我點了竹台上的燈火，接著叫了一個男人到二樓來——就是剛才在門口吹青竹笛的那個男人。

「要問槍嶽的事，這個人可是連那裡地上掉了幾片紙屑都一清二楚。」

女侍嘴裡說著這個笑話，一邊把散亂的杯盤碗筷收走。

我向他詢問了很多山上的事，例如翻過槍嶽山頭之後，能不能通到飛驒的蒲田溫泉？近來聽說槍嶽傳出噴火的消息，還能不能去燒嶽爬山？能不能沿槍嶽縱走到穗高山去？這些是我主要的問題。男人態度拘謹而恭敬，但脫口就說很容易。

「只要老爺您能走，哪裡都不是問題。」

我苦笑了一下。除了上州[3]三山——淺間山、木曾的御嶽和駒嶽之外，稱得上「山」的山岳，我一次也沒爬過。

「這樣吧，總之你就先當作『只要腳程能有山岳會成員那樣的水準，應該能找得到人』吧！」

男人下樓之後，我隨即請人來鋪床，之後便鑽進舊蚊帳裡躺平。緣廊的窗戶敞開著。窗外幽暗的山林裡，只有一個燒紅的炭火在移動。它為我的心，帶來了幾許堪稱旅愁的愁緒。

不久後，女侍總算來關窗。窗漸關上，山上的星月映空，便逐漸從我的視野消失。很快地，我躺著的環境四周轉趨微暗，只剩下舊蚊帳外的行燈[4]。我睜大雙眼，望著舊蚊帳的頂部。接著，樓下隱約又傳來那把青竹笛的聲響。

二

走過一處險坡後，突然有幾隻小動物從我們的腳邊跑過。

「可惡，要是有槍的話，我絕不會放過這些兔崽子。」

嚮導停下腳步，氣呼呼地咋著舌，一邊抬頭仰望路旁的大橡樹。

橡樹的嫩葉層層疊疊，枝椏遮蔽了路上的天空。大猴帶著兩隻小猴從枝椏上走過，靜靜地俯瞰我們在樹下的這群人。

我好奇地向上望，看著三隻猴子緩緩沿著樹梢走過的模樣。然而，對這位嚮導來說，牠們不只是猴子，更是獵物。他留戀不捨地仰望橡樹樹梢，一邊撿起石塊丟了過去。

「喂，上路吧！」

我催了他一下。他勉為其難地邁開步伐，還不時回頭看看那些猴子。我心中感到些許不悅。

山路變得愈來愈崎嶇難行。不過，路上隨處都可看到馬糞，可見這裡還是有馬通行。蛇眼蝶收起茶褐色的翅膀，成群停在馬糞上。

「前面就是德本嶺了。」

嚮導回頭對我說。

我除了一個小背包之外，身上沒帶任何行李；而嚮導除了餐具、糧食之外，還把我的毛毯、外套等細軟，成堆背在肩上。然而，開始往上爬坡之後，我和他之間的距離，就愈拉愈遠。

三十分鐘過後，我成了獨自在山路上喘著氣前進的旅人。在豔陽下，嶺坡上悶熱的空氣，醞釀著令人惴慄的寂靜。聚集在馬糞上的蛇眼蝶，和搧著草蓆的我——在這條險路上，所有還活著行動的生物，都在這裡了。

才剛這麼一想，耳邊就傳來一陣低沉的拍翅聲。原來是一隻青黑色的馬蠅，就這麼停在我的手背上，用力地扎了我一下。我頓時一陣慌亂，但還是一掌打死了那隻馬蠅。「自然對我懷有敵意」——這個帶有幾分迷信的念頭，激起了我心中更多的期待。

我握著疼痛的手，硬是加快了腳步……

三

這一天下午，我們徒步涉水，橫渡河水冷冽的梓川。眼前森林滿布，只留下一條河川流過。更高處則有飛驒信濃交界的群山——尤其是薄霧繚繞的穗高山，睥睨著其他巑岏小山和我們一行。我涉水渡河時，竟突然想起了東京的某間茶屋，甚至連店前屋簷掛著的岐阜燈籠，都如在目前。然而，當下環繞在我四周的，是人跡杳然的溪谷。我帶著滿腦子的奇妙矛盾，跟在冷淡嚮導的屁股後面，好不容易才抵達了滿布在梓川對岸的那片山白竹叢。

對岸有高大的山毛櫸和樅樹，幽暗茂密地聳立著。偶有山白竹零星散布之處，看似雁皮的樹開著紅花；而在充滿濕氣的草叢間，還能看到牛馬來此放牧過的足跡。

再往前走一小段路程後，山白竹叢間出現了一戶木屋頂的小屋。這是棟小屋，就是自從小島烏水[5]下楊過後，來到槍嶽的登山客大多都要住上一晚的知名聖地——嘉門治小屋[6]。

嚮導打開小屋的門之後，便卸下了身上背的行李。小屋中央處的大地爐，飄散著寂寥的灰色。嚮導拿下了掛在天花板的長釣竿，便出門去釣晚餐要吃的菜色——梓川的櫻花鉤吻鮭，獨留我一人待在屋裡。

我丟下了草蓆和背包，在小屋前閒走了一會兒。沒想到，山白竹叢中竟出現了一頭有著大片黑斑紋的牛，悠哉地走到我身邊來。我有點害怕，便退回到小屋的門口。牛轉了轉牠那雙水汪汪的眼睛，直盯著我的臉看。接著牠搖搖頭，又走回了山白竹叢裡。我對這條牛感到又愛又恨之餘，茫然地點起了一根菸……

當陰天裡的夕陽逐漸消失之際，我們圍著地爐的火，拿串在竹籤上烤的櫻花鉤吻鮭當配菜，大口扒起了用鍋子煮的飯。接著，我們裹上毛毯禦寒，點著包上白樺樹皮製成的原始燈光，在屋外夜幕低垂之後，還聊了許多山的話題。

白樺燈火和榾柮柴火——兩種火光一明一暗，訴說著燈火文明的消長。我望著小屋木板牆上，自己那兩個濃淡不同的影子晃動，在山的話題停止之際，我才像慢了好幾拍似的，不由自主地想像起日本民族在原始時代的種種生活樣貌。

四

當我們撥開層層疊疊的各式雜樹，重新沐浴在陽光下時，嚮導回頭看著我說：

「這裡就是赤澤。」

我把狩獵帽往上掀，望著眼前展開的這一片光景。

橫躺在我面前的，是無數個立體的大石。它們滿布在狹窄峽谷的陡坡面上，一路相連到那些劃破天空的群山彼端，延伸到視線盡頭。若要形容的話，儼然就是我們這兩個渺小的人，置身在從遙遠山巔滿溢下來的大石洪流上。

我們像蟲子一樣，起步攀登這滿是大石的山谷——開滿雙黃花菫菜的山谷。走了一段舉步維艱的難路後，嚮導突然舉起了手杖，指著我們左手邊綿延的一片絕壁，說：

「您看，那邊有氈鹿。」

我沿著他那根手杖所指的方向，將視線投向絕壁上——在接近粗糙山肌頂端，偃松構成一片墨綠之處，看到了一頭小獸。牠就是棲息在日本阿爾卑斯山區，別名氈鹿的一種羚羊。

這一天也走到了日暮時分，我們四周的殘雪逐漸多了起來，也開始看到一些在岩石上開枝散葉、身影寂寥的偃松。

我不時在這些大石上佇足，眺望那座不知何時已露面的槍嶽絕巔。這座絕巔宛如巨大的石箭簇，用墨黑切穿了夕陽餘暉逐漸轉熄的天空。「山乃自然之始，亦為其終」——每當我眺望這座山巔，總會在心裡複誦這句文言語體的感想。我記得這是以前曾在某處讀過的約翰．羅斯金[7]名言。

不久，一團冷霧從已轉暗的山谷下方，爬上大石與偃松，來到我們身旁。就在這團冷霧環繞下，帶著陣陣細雨的風，開始吹到我們臉上。我終於切身感受到山上的高冷，心想著要早點走到今晚落腳的無人岩洞，一邊拚命地攀爬陡峭的斜坡。然而，突如其來的異樣聲響，讓我受到一陣驚嚇，忍不住左顧右盼一番。這才發現在不遠處，偃松繁茂的枝葉上，有隻褐色鳥兒如流水般飛去。

「那是什麼鳥？」

「雷鳥。」

被小雨淋濕的嚮導，繼續頑強地邁著步伐，一邊用同樣的冷淡態度回答我。

譯註1　日本建築中，在踏入玄關後會有一處高起的台階，走上台階後才算正式進入室內，這個台階就稱為「上框」。

譯註2　「講談」是日本傳統說書，〈玉菊燈籠〉則是一篇以講談形式表演的故事，內容描述一位從奈良來到江戶（現在的東京）習藝的木工彌吉，和一位名叫玉菊的名妓互許終身。彌吉回到老家，向母親報告此事後，母親大怒，千方百計阻撓兩人，最後玉菊誤以為彌吉已死，傷心之餘選擇自盡。

譯註3　群馬縣的古稱。

譯註4　可掛、可放也可提的一種竹或木製燈籠。

譯註5　小島烏水（一八七三—一九四八）是明治時期的銀行家，也是日本第一個山友團體「日本山岳會」的首任會長。日本山岳會在創立前後，創會成員就曾多次探訪日本阿爾卑斯，也就是飛驒山脈、木曾山脈和赤石山脈，和本文所提到的路線有部分重疊。

譯註6　正確名稱是「嘉門次小屋」，位於日本阿爾卑斯上高地，是一間已有一三〇年歷史的山小屋，提供用餐和住宿服務。創辦人上條嘉門次是當地的嚮導，也捕漁和打獵。

譯註7　約翰．羅斯金（John Ruskin，一八一九—一九〇〇）是英國維多利亞時代重要的藝術評論家。

◎作者簡介

芥川龍之介・あくたがわ　りゅうのすけ

一八九二——一九二七

小說家，號澄江堂主人，俳號我鬼。一八九二年出生於東京，東京帝國大學英文系畢業。大學在學期間創作短篇小說〈鼻子〉獲夏目漱石讚賞，隔年一九一七年發表第一本創作集《羅生門》，正式踏入文壇。初期文風兼受古典文學《今昔物語集》和西歐自然主義影響，發表〈地獄變〉、〈枯野抄〉等確立大正文壇代表作家地位。其後因飽受健康與精神疾病之苦，文風轉為懷疑、厭世，帶有晦暗的自傳性成分，發表〈竹藪中〉、〈河童〉等晚年代表作。一九二七年七月二十四日，於自宅飲過量安眠藥自殺。

琵琶湖

橫光利一｜よこみつ　りいち

當我身陷深刻的痛苦中，腦中不斷回想有沒有什麼開心的事時，我發現自己腦中竟然冒出那些在夜晚的湖上橫渡、少年時代單純的記憶，實在是不可思議。

我想，提起回憶這種東西，任何人最多的回憶，應該都是發生在夏天吧！我在二十歲左右那年，當夏天來臨時回到近江的大津。特別是因為小學時期我家就在大津的湖岸邊，因此琵琶湖的夏日景色已經深深印在我的腦海，難以忘懷。直到現在，每當我搭乘火車經過東海道，駛經大津的街道時，即使我當時獨自一人，也會感到情緒澎拜，從窗戶往外看的臉上會自然浮現微笑。這種暗自喜悅的心情，我想每個人都曾經體會過。某年夏天，那時大約二十一、二歲左右的我正在從大津前往東京的途中，有位二十二、三歲的美麗女性坐在我前方的座位上。直到火車行駛到接近東京時，我和那位女性都沒有交談過，也不曾四目交接，就這樣一個晚上過去了；天亮後，火車正行駛到大森時，那位女性突然開口對我說了句：「我就住在那邊那棟房子呢。」並笑了笑。我連回答都沒能回答，只是一直看著她指的那棟房子，就這樣沒有跟她說些什麼便下車離開了。還有一次更是誇張。這件事也是發生在我二十二、三歲時的夏天。有一次我要前往九州，當火車進入熊本，沿著球磨川的急流穿梭在眾多隧道之際，我的前方有位年長的男性，正一個人大聲打呼地躺著睡覺。那時，我們這節車廂裡就只有我和老人兩個，再也沒有其他人了。當火車開始駛向斷崖上的軌道後，很快便看到有間房子，獨自佇立在河對岸的峭壁中段。這時，那老人突然一下坐起身來，說了句：「那是內人的故鄉。」接著就再度躺下睡去了。

這些事雖然微不足道，卻令我畢生難忘，這輩子每當我回憶起這些事，都會浮現出微笑，想寫點東西或閒聊時，最先想到的就是這些經歷，但於我而言，東海道中就只有大津這個地方，能勾起我心中與這位老人心中所想，和之前那位女性的情緒相似的喜悅。每次要來大津時，我也會按耐不住心中的欲望，忍不住對身旁不認識的人說，這裡是我小時候待過的地方之類的話。我想大津的美，就連只是偶爾去大津的人也能感受到。去年我第一次帶妻子來關西，我們走過京都、大阪和奈良等許多地方，之後來到大津，妻子便對我感嘆說道，關西這麼多地方裡，她最愛大津。我和妻子去大津的時節正值早春，然而夏日的大津之美，遠非早春時節所能比擬。江戶時代的俳聖——松尾芭蕉曾經詠詩如此：「唐崎之松，更勝繁花朦朧。」不少俳句詩人認為這個俳句堪屬劣作，然而我認為，若非是會從膳所或石場一帶久久凝望對岸唐崎之松的人，自然難以體會這句子的優美之處。

每年步入夏季之前，都會有人問我今年要去哪裡。但相較於鄉下的夏天，我更喜愛都會區的夏天。如果整個夏天都待在都市，所有人大概都會感覺那一年好像有什麼不夠完整，我卻不會這樣。因為夏季夜晚的美與趣味更勝白天，如果待在鄉下，夜晚會較早降臨，不得已要早點入睡，因此只會讓人引頸期盼夏天趕快過去；然而若是待在都會區，則會在感受到秋天似乎將要到來時，感嘆夏天就這樣過去了。尤其對我來說，夏天是最能夠好好工作的時期，如果在這時出門旅行，就會錯失一年裡工作的精華時機。人們在一年結束時，都會期盼隔年自己喜愛的季節趕快到來，我總是莫名期待夏天。夏季過後的愉快時光會一直留在我心裡，因此去年的夏季和今年的夏季已經沒有差別，少年的時光如幻影般在我的腦海浮現。在船上掛上燈籠，橫渡湖上到達湖岸對面的唐崎時，眼中所見的夜色，在那些建構我所有的記憶中算是非常重要的記憶。當我身陷深刻的痛苦中，腦中不斷回想有沒有什麼開心的事時，我發現自己腦中竟然冒出那些在夜晚的湖上橫渡、少年時代單純的記憶，實在是不可思議。我不太清楚為何會如此，然而在如油般緩緩晃動的幽暗波紋上映射出街燈的點點燈火，那種遙遠的美，還有在吹過湖面的涼風中，一邊把瓜和茄子丟進湖中，一邊望著遠方比叡山山腰上閃耀的燈火，好幾艘燈籠的喧鬧聲響徹整片湖泊，這樣的夜晚祭典的樂趣，或許可以說是象徵著小說《暗夜行路》中漠然地感受人世命運的樂趣吧！象徵這種東西，是從過去的記憶中最能夠抽離的情景中感受到的事物，我努力感受之後發現於我而言，夜晚的橫渡琵琶湖祭典就是這樣的。這時，一看到小型汽船的欄杆上像鈴鐺一樣垂掛的各式提燈的倒影，滿身是汗的人群就會搖身變成笑容滿面的群眾，好幾艘這樣的汽船互相超越之際，靠近的欄杆就會冒出一片吵鬧聲，人們從船邊對準目標，互相丟出茄子和瓜。船一抵達唐崎，船上的人就會在那裡下船，走到現今已不存在的老松枝條下步行繞圈，接著再搭上汽船回來。我忘了是哪一天，大約是盂蘭盆節吧！大津北端有個地方名叫尾花川。這裡是蔬菜的產地，爬出田外的大南瓜身上還連著藤蔓，就這樣在湖上的波浪沉浮。每次一到夏天，我總會想到這顆滑稽的南瓜，心想它到底為何會出現在湖上。要進入尾花川的市街處有個排水的河口，運河從這裡到流進山中之前的區域，兩旁有滿滿的枸橘，進入秋天後，黃色的果實會散發出濃烈的氣味，讓我們感到身心舒暢。運河流入山中後有座三井寺，這座寺內一帶也有大量錐栗的果實。去年的我久違地造訪當地，惟有這一帶從以前到現在都沒什麼不同。明治初年的氣息仍然殘存的市街，在關西大概就是大津，在大津就只有排水渠附近而已吧！

我的朋友永井龍男老弟出身江戶，直到將近三十歲都沒有離開過東京。有次，他第一次去到關西，在奈良、京都和大阪遊覽。永井老弟的感受比一般人還要敏銳，因此我一直期待他回來後要聽他聊聊對於關西的印象。旅程結束後他對我說，他遊覽了關西許多地點，卻沒有一個地方能讓他感受到人們口中的關西，他唯一喜歡的只有一個地方，那就是近江的坂本。我問他喜歡坂本的什麼地方，他提到日枝神社範圍內所架的一座石橋，說那裡讓他深受感動，因此我又問那你有去大津嗎？他回答說沒有。我說如果坂本能讓他心有所感，那就應該從大津的排水渠走向三井寺，但我想奧之院夏天土壤顏色的美麗與閒靜，多半沒什麼人清楚。那裡的土壤顏色之美中，還殘留有古時都城的色彩。這些地方全都是曾經極度繁榮的土地，到處都是人們踩了又踩、如脂肪般帶有沉穩的色調的土壤，就我所看過的土壤中，神奈川的金澤和鎌倉等地，雖然已經整個沒落下來，但幕府過去曾經擁有的鼎盛風貌，在現今也能從石牆、樹頭和道路平坦的自然程度知曉一二。東北則是松島瑞巖寺，還有岩手的平泉。它們的土壤顏色和大津的奧之院都有相似之處。在奧之院如果再往更內部走去，就會發現有條通往京都的次要道路，就連大多數當地人都不知道，我想如果在這裡挖掘，肯定能挖出更加珍貴的各種物品。我也曾經經過這條路，道路兩旁是一座又一座幾乎全由廢棄貝殼堆積而成的山。

我還記得青年時期閱讀田山花袋的紀行文中寫道，琵琶湖的光采看似一年比一年遜色，那肯定是正一步步邁向死亡。我讀了這些內容後心想，文人果真是目光如炬啊，當下深感佩服。現在，每當我搭乘火車經過琵琶湖畔，都會想起花袋的文章，對此有更加深刻的感受，對我而言每次看到這座湖，都感覺它像沼澤一樣漸漸失去了活力。大津街道面向湖泊的區域比較安靜，也較少人經過，離湖愈遠就愈熱鬧，看到這種情況，我猜想是由於湖的空氣會帶走居住者心中的活力。琵琶湖所在的滋賀縣有個詞是「近江商人」，他們的特色是在自己的家鄉無法發展，去了其他地區便能成功，這應該是有許多因素影響，但其中一項因素多半是因為湖畔富含濕氣的空氣會影響身心，讓人們變成「膽汁質」的性格，也就是感受性低而耐受性高，不太會感受到憤怒，自然形成隱忍自重的風氣。這種觀察自然有些滑稽的地方，但相較於生活在乾燥空氣裡的居民，生活在永久飽和的氣壓中的居民具有較好的耐心，這一點也是事實。

說到底膽汁質這種特質，如果光靠膽汁質是難以成功的，必須穿上別人的

「褌」這種日本傳統內褲打相撲，才容易勝出，因此人們認為有這種特質的人既狡詐又陰險，這也是因為這些人習慣利用他人。去年我走在大津的街道，看著人來人往，就像吹泡泡一樣愈來愈多，對此我直到此刻才感到訝異，然而大津地區的人不太會表現出對事物的感受。甚至可以說有時對他人頗為冷漠，有相同想法的大概不只我一人吧！

◎作者簡介

横光利一・よこみつ　りいち

一八九八——一九四七

小說家，出生於福島縣，早稻田大學肄業。因友人介紹而成為菊池寬門下弟子。一九二三年在《文藝春秋》雜誌上發表〈蠅〉、〈日輪〉之後，橫光利一躋身新生代知名作家之列，隔年與川端康成共同創辦《文藝時代》雜誌。由於他的作品中隨處可見新穎的擬人化譬喻，在當時仍屬罕見，因此被稱為「新感覺派」。

橫光利一曾在芥川龍之介的建議下，於一九二八年赴上海停留一個月，還將當時的見聞寫成了長篇小說《上海》；後來也曾以報社特派員的身分前往歐州各國，並將這段旅居西方的經驗寫成了《旅愁》，在報上連載，大受好評。

在二次世界大戰期間，橫光利一因為創作了歌頌戰爭的作品，並積極配合當局宣傳愛國主義，在戰後被視為文壇戰犯，飽受文壇人士抨擊，不久即因病過世。

耶馬溪的一夜

田山花袋｜たやま　かたい

雖說我們給的小費確實有些影響，但山裡的人果然還是純樸。同行的女伴說：「坦白說，剛到旅社時，我還覺得竟然要住在這種山裡的人家，現在卻覺得氣氛優閒得好極了。旅行就是這樣，所以才有意思啊！」

鎮上辦了廟會之類的活動，所以中津的車站顯得特別人潮洶湧。不巧的是，雨還下得很大。我們試著走到往耶馬溪方向的軌道，但這裡也是人擠人。

好不容易上了車，車卻遲遲不出發，乘客絡繹不絕地擠上車。這些乘客大都是來看廟會的，有纏著紅色腰帶的女孩、盛裝打扮的小朋友、老太太，甚至還有貌似小學老師的人混雜在其中。大家都站在車裡，沒得坐下。

「還真是擠啊。」

同行的女伴這麼說道。女伴的母親縮著身子，勉強在角落邊上坐了下來。接下來就要走入山中，再加上這場看似下不停的雨，兩者都折騰著我們的心。

耶馬溪谷裡一定有旅社。但迎接我們的，究竟會是什麼樣的旅社？被褥骯髒、昏暗殘破的房間，講起話來令人一知半解的山中居民——一想到這些，就讓我遊興大減。

過了半晌，火車終於出發，速度比鐵道馬車[1]稍快一點。車繞來繞去，中津市區忽隱忽現。有個車站位在賴山陽[2]當年來此遊歷時，第一個下榻的寺院附近。大約從這裡開始，便逐漸看得到杉林。遠處那座熟悉的八面山，也露出了它那宛如城牆般的身影。出了中津車站後，緊接著抵達的是個小車站。原本擠滿一車的乘客，陸續三三兩兩地下車。到即將進入耶馬溪前的車站時，車廂內已變得略顯空蕩，沒有人站著。

雨勢也變小了。

「真是太巧了啊……」

女伴開心地說。

終於來到耶馬溪，潺溪逐漸呈現在我們眼前。村落依山傍溪，而讓人一眼望穿的深谷裡，淺灘激起了白色的美麗水花。

我回想起先前來到此地時的情景。當時，我搭乘馬車，從中津沿河而來，一路上酷熱難耐。同車的還有個女孩，原本和男人私奔到福岡，如今被人帶了回來。女孩顯得很消沉，同行的男伴為她買的冰，她似乎也無意吃喝。那是個有著迷人雙眼的女孩。

「哇！好棒！」

和我同行的女伴這麼說，我才發現火車已經來到景色優美的「香魚回頭瀑布」前，剛要駛進樋田的隧道[3]。山巒層層疊疊，雲在山上更高處翻湧著。

我為女伴及女伴的母親介紹了幾個景點。「妳們看，那個隧道裡面是可以走過去的。裡面有路，走過去就會發現那裡景色美極了。」

帶岩附近的奇岩，逐漸如雨後春筍般映入眼簾。有些是從聚集的雲層中露臉，有些是從綿延的山峰上現蹤，有時是搭配松樹，有時則有檜木樹林依附——而溪水就這麼幾經蜿蜒曲折，流過其間。

從樋田來到羅漢寺時，已是薄暮時分。村落、橋梁、山谷、道路，看起來都像籠罩在一片朦朧之中，還帶著些許薄霧。

我回望羅漢寺座落的山巒四周，卻連它的模樣都已遍尋不著。

山谷逐漸進入了黑夜。我們抵達附近的某個車站時，已經連最初那個溪流激起白水花的淺灘都看不到。火車一停，四下就只聽得見流水淙淙的聲響。所幸雨似乎已經停了下來。女伴把手伸出窗外，說：

「這場雨停得還真巧。」

接著還抬頭仰望底層透出亮光的天空——要是天氣放晴，月亮一定能把溪畔風光妝點得更美不勝收。

「天氣好像會放晴。」

「說不定喔。」

這個朦朧的夜，白茫茫地宛如罩上一層薄被衣的夜晚，讓我備覺可喜。另外，我從剛才一直很在意，火車上的三等車廂開著燈，而二等車廂竟然沒有開燈。

「是不是燈壞了？火車的二等車廂竟然這樣，也太誇張了吧！」女伴對我和她的母親這麼說。

「暗一點比較好，這樣才看得見山巒和河流。」

我對女伴這麼說。剛才車上還有那麼多乘客——擁擠得根本分不出是三等還是二等車廂的人潮，曾幾何時已紛紛下車。我們搭的這一節車廂，除了我們三個人之外，只剩另一個男人橫躺在車廂一角。

沒有燈光的火車，在白茫茫的夜裡靜靜地奔馳。河流淺灘處泛著白，兩岸仍能約略看得到奇岩隨處兀立。我想這也是拜車內沒開燈所賜。

正當火車起步駛離津民車站之際，剛才躺在車廂一角的男人倏然起身，說：

「剛才那是津民嗎？」

「是啊……」

他望了望窗外，好像又做了些什麼。看樣子似乎是因為知道過了津民站，急忙衝到下車處。女伴和她媽媽擔心地喊了一聲：「危險啊！」但男人沒聽勸，慌張地跳下了車。

女伴起身走過去看了看，說：「哎呀，竟然跳下車，真是太魯莽了。」

女伴的媽媽也這麼說道：

「唉唷，車速還慢，沒關係啦！」

「但的確是魯莽。不知道有沒有什麼事？會不會受傷倒在路邊？」媽媽說完這句話，隔著窗望了望朦朧月下的道路。

柿坂車站的燈光很明亮。天空中的月亮看來顯得很朦朧，而山村裡用稻草鋪成的尖屋頂，燈火通明的車站旅社，還有四周環繞的山巒等，都看得很清楚，附近還聽得到水聲傳響。

兜屋——我們邊問路邊找，來到大街上的一家老旅社，但旅社的人卻說「請移駕到別館」，並打著旅社的燈籠為我們帶路。我們沿著一條雨後泥濘的路，往溪流聲較高亢的方向走去。

沿途有被夜露沾濕的草叢，也有像田邊小路般不好走的地方，讓同行的女伴驚呼連連。不久，我們總算來到了位在樹林中這棟看似屋齡較新，燈火看來特別迷人的兩層樓建築。

但我們來得太晚，二樓都已客滿。旅社的人說了一句：「總之先這麼辦吧！」便帶我們來到旅社員工用的廂房，而且連這裡都已經有一位身穿浴衣的旅客。我雖失望，卻也無能為力——畢竟都來到了這樣的山裡，實在不能再多奢求什麼。

所幸我們給的小費奏效——前面先來的那位旅客改挪到本館，我們一行人總算能獨占這間房。此外，旅社老闆夫婦樣樣都款待得很周到。後來，女伴的母親甚至還說：「好像是鄉下親戚邀請我到家裡來作客似的。」

這裡的浴室，用的是五衛門風呂[4]。女伴的母親泡過澡之後，便建議女伴也去試試，但女伴說了句：「我就免了啦！」直到最後都沒去泡澡。她要了一臉盆的水，擦拭了自己的身體。

我們的這間房，和旅館主人家用的房間相連，老闆、老闆娘和他們的小孩，都自在地走進我們的房裡聊天。就如女伴母親所說的，我的確也覺得就像來到鄉下親戚家作客似的。房間角落陳列著耶馬溪燒的廉價陶器、燒製而成的西行法師[5]像玩具，還有各種為了推銷而擺放的物品。老闆家那個七、八歲的小男孩，趁著父親來和我們談話，他就把這些擺飾拿過來，在一旁唸著「西行法師，和尚大師；西行法師，和尚大師」等等。

夜又靜靜地變得更深。流水潺潺，彷彿撼動著我們的枕頭。

隔天一早，我們很早就起床了。所幸天氣晴好，爽朗的晨光照進了這深深的山谷。枝繁葉茂的綠意裡，朝露閃爍著璀璨的光芒。

旅社老闆為我們導覽，帶我們來到一處溪畔，據說山陽就是在此投筆[6]。二樓的旅客退房出發之後，老闆又說：「都沒好好招待你們。」便又帶我們到哪個溪畔，請我們吃在津民谷捕撈到的鰻魚等餐點。鰻魚的口味清爽，相當可口。

踏上歸途之際，老闆特地帶著那個七、八歲的兒子，一路送我們到火車站。雖說我們給的小費確實有些影響，但山裡的人果然還是純樸。同行的女伴說：

「坦白說，剛到旅社時，我還覺得竟然要住在這種山裡的人家，現在卻覺得氣氛優閒得好極了。旅行就是這樣，所以才有意思啊！」

回程的路上，我們一直都把臉湊在窗邊。昨晚那個一片闃黑的山谷裡，到處都是令人看得目不轉睛的美麗淺灘。尤其是津民川傾洩而下之處，景致更是出色。五龍瀑布激起白色浪頭後，濺起精彩的水花。

於是我們逐漸離開了山區。

耶馬溪果然不愧是「天下名勝」。

相較於球磨川[7]的峽谷、熊野川[8]的山谷，乃至於東北信飛[9]那些深鑿的溪山，很多人都會認為耶馬溪的確是個平淺谷地，是個不起眼的溪谷，更是個已過於世俗化的溪谷。不過，會做這樣的比較，其實是第一次接觸耶馬溪時的心態；在第二次、第三次造訪的過程中，我逐漸認同耶馬溪的價值，並不是這樣單純比較一下就能說得清。

其實，我不認為溪谷平淺、溪流淺灘、斜樹稀少，會是耶馬溪的缺點。為什麼我敢這樣說？因為耶馬溪真正的特色、價值，在於它的奇岩怪石，在於它的山勢高聳險峻。因此，平淺溪谷、潺溪流水，反而襯托了這些岩石山巒。

所以，來到這裡，絕不會看到急流奔湍的奇景；也找不到雲煙翻騰、時陰時晴的深山景致；品味不到密林深谷遮天蔽日，流水聲在腳邊傳響的遠離塵囂；也感受不到夏日裡冷冽清泉流過手邊的暢快。要是懷抱著這些期待到耶馬溪，必定會敗興而歸。然而，溪流隨處妝點山村，時而能看見白堊土藏[10]、鄉間籬落，偶有隧道、溪橋、飛瀑、奇岩，信步而行，所到之處，如展開一幅文人畫卷，美景一一呈現在眼前，這豈不算是一處天下少有的名山水？賴山陽不也就是覺得這樣的景致饒富趣味嗎？

我們搭的這輛火車，行駛到樋田一帶時已入夜，所以無法將溪畔風光逐一看個仔細，令人深覺遺憾。但所幸這輛車上沒有燈火，而窗外是朦朧的月夜，所以反而能看得到溪谷兩岸，讓我欣喜不已——不是因為看到入夜後的耶馬溪，而是為了奇岩突兀的耶馬溪。它提供了一份有力的根據，讓我能對耶馬溪做出正確的評價。

這一個個的奇岩怪石，看來就像是穿透了微亮的夜空，昂然聳立。

我想，如果在初次造訪耶馬溪時，就能把羅漢寺的岩石，也當作這條溪的一部分來看待，那麼這趟旅程絕不會無趣——從柿坂來到新耶馬溪深處，我的這個想法，終於獲得了肯定。

要把耶馬溪周邊當作一個整體來看待，才值得玩味。這裡有青之洞門，那裡有羅漢寺[11]，再另一頭還有像柿坂這種洋溢山間驛站風情的部落，很有意思。光是從這裡逐一遠望五龍溪、點返瀑布、帶岩、津民谷，很難展現出這些景觀個別的出色之處。

我也深入探訪了山移川的河谷，前往一個叫「落合」的村落參觀。我敢保證，此處絕對是耶馬溪這幅畫卷中的場景之一。

尤其最令我難忘的，還是在柿坂兜屋渡過的那個寧靜夜晚——鐵道鋪設完工後，車站附近開了新的旅社。而它所處的溪潭畔，剛好位在因賴山陽而得名的「擲筆松」附近，所以我整晚都能在枕邊聽到溪水輕聲低吟。

這裡的溪水聲成了耶馬溪的一大特色。它既不是在日光附近聽到的那種澎湃怒號，也不是在鹽原一帶聽到的那種潺潺溪流，更不是在上高地附近聽到的那種水聲嗚咽。它就是一種如輕語呢喃般的溪聲。

所以，在四季之中，我認為耶馬溪的秋天最美，紅葉之美的確能和這座溪谷相映成趣，其次欣賞的是春天。到了夏天，耶馬溪谷除了酷熱之外，因為山勢不高，蟲子很多，它們會帕啦帕啦地聚在燈火四周，讓人很難靜心閒坐。不過，這一帶在夏季時，倒是能捕撈到很美味的香魚。津民谷捕撈到的鰻魚，吃起來也同樣爽口不膩，深得我心。

第三次造訪耶馬溪時，天空下著雨，四處開滿了白色的溲疏花，我便在筆記本上寫下了這首和歌：

正逢天雨來
莫為此而傷遊興
齒葉溲疏花
山谷間盛開一片
日暮西山宿花叢

譯註1　行駛在鐵軌上的共乘馬車。
譯註2　賴山陽（一七八〇—一八三二）是江戶時代的文人、儒學家。「耶馬溪」是在距今約二〇〇年前，由賴山陽所命名。
譯註3　即「青之洞門」。一七六三年開通，是當地著名的景點。
譯註4　一種浴缸的形式，泡澡用的水會直接在浴缸下方燒柴加熱，宛如將人放進爐灶上的鍋子烹煮。
譯註5　西行法師（一一一八—一一九〇）俗名佐藤義清，以創作和歌而聞名。
譯註6　相傳賴山陽曾在耶馬溪的一處河畔，讚嘆「這麼美的風景，根本畫不出來」，並將畫筆丟進河裡。後來當地就用這個典故，命名為「擲筆峰」，並成為觀光景點。
譯註7　位於熊本縣境內，是日本三大激流之一。
譯註8　流經奈良、和歌山與三重縣境內。
譯註9　信州是長野縣的舊稱，飛州則是指岐阜縣北部。
譯註10　日本傳統的防火建築，多用來作為倉庫或店面。
譯註11　相傳是在一千三百多年前，一位印度僧侶在此修行而建造的寺院，供奉日本最古老的五百羅漢，是日本三大五百羅漢之一。寺院內另有三千七百尊石佛。

八月的霧島

吉田絃二郎｜よしだ　げんじろう

我們從鹿兒島站前往山下的薩摩屋別墅時，看見鹿兒島街頭夜晚的情景。穿著白色浴衣的人群在石牆眾多的街道上走著。每間水果店都掛著連根的香蕉。切成兩半的大西瓜和甜瓜，許多水果都讓人感受到南國的風情。

我想從夜行火車上看看映照在海浪的宮島燈火，卻因為旅途勞累沉沉睡去，醒來時已經天亮了。中國地方特有的低矮砂山上，松樹間的紅色百合花正在盛放。海岸邊，芒草花穗包圍的廣闊鹽田裡朝露厚重，一個人影都還沒出現。

寧靜的早晨裡，低矮砂山圍繞的峽灣旁，還連接著另一處從睡夢中甦醒的靜謐峽灣。沿著海水生長的夾竹桃在濃濃露水中也已經開花。

海島的倒影開始閃爍，海水的顏色像經過打磨一樣熠熠生輝，這時我從車窗看到了下關群山。

我們在車站前雇了人力車，打算去壇之浦逛逛。車站前、港口邊和市裡都有身穿白衣的朝鮮人成群站在一起。盛夏之日，陽光璀璨。特別是穿著類似草鞋的朝鮮女性跟在看起來像是她丈夫的強壯男人身後，在異國人之間跨著小步急促步伐的姿態十分吸引旅人。

兩、三天前由於下雨，沿著壇之浦的高聳懸崖坍方，堵住路中央。那裡也有二、三十名朝鮮人和日本的土木工交錯搬運土石。

此時恰好遇到退潮，關門海峽外，海水捲起白色漩渦退去。

壇之浦之戰時，安德天皇的外祖母——稱號二位尼的平時子抱著安德天皇投海自盡，那個位置距離道路僅有短短兩百多尺，那裡拉著紅色浮標。御裳裾川流經的區域一帶有七、八間老舊的兩層樓住家沿著海邊並列。山崖下的海濱有兩個少年不停撿拾貝類。

無論是四國或九州的群山，都蒙上一片霧靄，橫臥在海波上若隱若現。從前，此處恐怕有數萬人大聲叫囂，嗜血屠殺。戰旗高掛飛揚，人類所有光榮、努力、勇氣、華麗和殘忍都以鮮血描繪在海波上。

此時只有黑色波浪正在流動；吹拂岸邊芒草的風如秋天一般蒼白。

赤間神社的森林茂密生長，讓四周變得陰暗。如網眼般分布的樹根纏繞著二位尼和平知盛手下二十人並排的小墓碑，讓人聯想到路途中病倒的旅人的無名墓。說不定是當地的人把那些漂流到岸邊的屍骸全部集中起來，埋在山腳邊。

站在長滿青苔的荒涼墓地前，我突然感到眼睛一熱。安德天皇的陵墓位於地勢較低之處，我們到訪那天正巧是他的祭日，因此對外開放。

這趟旅程不趕時間，我們便決定在博多下車。

由於不清楚哪間旅社比較好，便拿出旅行指南，找到三家旅館的名字。也沒有人可以問，我們就閉著眼睛，看指到哪一家就決定去那家，但選到的旅社在去年冬天發生火災，最後便決定去一間名為水野的旅館。

我們的房間正下方是寬闊的大河，從房裡不僅可以看到藍色的天空，還能看到河邊的大幢建築物。不論在箱崎或千代的松原，我們都馬不停蹄的在市街上四處遊覽，但這古城的潔白河水最令旅人印象深刻。

博多是個夜之城。

黃昏時分，天空和雲朵的色調之美，再無其他事物可以比擬。每一幢建築、每個人的言行舉止，全都揉合在一組柔和的節拍中律動。

近松時代起就有人歌頌的柳町應該和現今的地點不同，但我還是決定要去那個柳町看看。末班電車發車後不久，有個翠綠稻田圍繞而成的一塊區域。視線穿過大門望去，第一間屋裡已經畫好濃妝的幾個年輕女性走出來，坐在掛了簾子的木格裝飾前，等待尋歡的男人。看起來和善的老鴇和年輕女人一起站在店門前，看著黃昏的天空笑臉盈盈。她們脫去上半身的衣物，露出肌膚。也有幾間房屋可以透過簾子看到化了妝的女人。看起來猶如歌舞伎劇目《助六》的舞台布景般充滿古風的紅燈區，仍在翠綠稻田的一方天地裡存留了下來。

經過那塊區域後，我們被火紅燃燒的夕陽之美深深吸引，在田間站了一會兒。那些塗上厚厚白粉的女人來到廓旁的橋上，凝望著河面。

入夜後，水邊的燈火開始閃爍，月光也開始從染紅的雲隙間照耀大地。人們從我們旅社正下方的河上乘船經過。我們也租了艘船。我已經十幾年不曾在月下乘船。船穿過一座又一座橋，經過好幾處橋洞，一邊順流而下。

下船後，我們在夜晚的街頭漫步。

走在路上想找博多人偶，買回東京當伴手禮，但現在的人偶都徒有華麗，卻不夠雅致，便決定不買了。

我們必須搭晚上十二點多的火車前往鹿兒島，便決定早早入睡，但卻幾乎無法入眠。我在接近十二點的時候起床。水上已經明月高照，街道上也已經沒有行人。高高的廣告看板照射出的電燈燈光，也在水上映照出紅色、藍色的光暈。隔著河水，我聽到貓頭鷹的叫聲。其他人都還在睡。

「接下來還有很長的路程要走呢！」我看著睡著的人們的面容，心裡這樣想著。寒冷的微風從河面上拂來，讓我深切感受到旅行的氣氛。

「該起床了。」我把少年搖醒。少年帶著濃濃的睡意睜開眼看著我微笑，之後又再次睡著。我又把少年搖醒，少年睜開眼又對我微笑，接著第三次沉沉睡去。

「好了，該起床了，要去搭火車了。」我甚至想著要不要把行程延到隔天。說到旅行，這少年就連離開東京到箱根以西的經驗都沒有，第一次離開父母的照顧，只依靠我一個人帶著他，想到他辛苦來到遠方旅行，就覺得心疼。每當少年睡眼惺忪地朝我微笑，我就幾乎要掉下眼淚。少年再次醒來，然後又睡著了。

我們在寒冷半夜裡的微風中前往車站。貓頭鷹的叫聲再度傳來。

疲累的旅人們靠著座墊沉沉入睡。

往鹿兒島的火車幾乎坐滿，又濕又熱。然而我們在博多的旅社只睡了大約短短三十分鐘，累到極點，所以馬上就睡著了，既不知道已經跨越筑後川，也不曉得已經過了熊本。特別是沿著球磨川橫越一千七百尺的矢岳進入鹿兒島為止必須穿過數十個隧道，但我們正在睡夢中，對此渾然不知。

少年開口了：

「我們不在人吉下車嗎？」

少年還記得我在前一晚曾經說過：「我們看看狀況，也許在人吉下車，看看古城的遺跡。」

「還是不去了，你再睡一下吧！」說完，我讓少年躺上床鋪。這時的夜色微微透著光亮。

大約是剛過五點吧，我的側腹突然一陣痙攣地痛了起來，怎麼也睡不著。天就這樣慢慢亮了起來。

七點多，我們的火車在吉松停了下來。這裡是日向線的分岔點。天剛亮不久，群山仍在朝霧籠罩之中。這是個位處高原的荒涼車站，周圍是青山包圍的盆地。我們在那裡必須等一個小時，才能等到下一班火車。隨著時間經過，我的腹痛愈來愈劇烈，在短短一個小時裡跑了兩次廁所。

「昨晚在博多去了海月餐廳吃飯，說不定是在那裡吃壞了肚子。」我心裡想著這些沒有意義的事。

車站前的山裡，雖然春天已過，仍有黃鶯不停鳴叫。凌霄花盛放，相對於綠色的樹木，可說是美豔動人。

火車行駛到牧園這段期間裡，我還是很不舒服。

我們在火車上偶然認識了K先生，他指著沿線的山說了許多：「這附近的山中還保有最古典優雅的舞蹈。真希望有人能夠認真研究啊……說來，這一帶自古以來，藩主本身就相當鼓勵舞蹈發展，因此各地領主都強迫農民跳舞。」

芭蕉葉也有如生長於南國一般富有生命力。名為谿的山谷裡有片美麗的竹林，一望過去就看到小小的農舍，山中黃鶯的鳴叫聲不絕於耳。

我們不得已在一個名為牧園的小站下車，再從那裡搭車開過四里顛簸的山道。這附近是國分菸草的產地，因此未除盡的菸草葉就在山中的田裡繁茂生長。屋簷上掛著紅色的葉片。汽車行駛而過，讓草與山看起來一片連綿，我們沿著山谷一路往霧島前進，山邊雲霧繚繞。回頭一望，能看到櫻島與薩摩瀉。種馬所的幼馬邊吃著嫩草，邊圍在母馬身邊玩耍，看了也讓人心疼。溪谷的聲響從深遠的森林盡頭傳來回音。

我們在距離榮之尾溫泉三、四百公尺處下車，必須從那裡沿著溪谷步行，但腹痛再度襲來。原本妻子打算在溫泉請人幫忙，卻言語不通，我便只好走十步緩一緩、五步停一停地，在雨中順著山路前行。

一到溫泉旅社，我立刻請他們鋪床，之後便躺下，因為我全身發冷，不停顫抖。我想起曾和俳句詩人松尾芭蕉和河合曾良一同旅行，卻因曾良病了而結束旅程的插曲。

「病中遠行，若能得見萩之原，死而無憾。」我詠起曾良的詩句，如同是自己所寫的一樣。

「天空真美，山景也好美。」眾人望著窗外說道。我連睜開眼的勇氣也沒有，只是一直躺著。暮蟬的叫聲與溪谷的聲響交織在一起，這個時節仍在鳴唱的黃鶯歌聲甚至傳進房間裡了。

有位住在霧島山腰的種馬所附近、名為N的醫生騎馬過來。恰好旅社老闆那天折斷了肋骨，因此N醫生從三里外的牧園前來旅社，我便趁機請他幫我看診。我有點發燒，醫生說最好用瀉劑全排出來，因此我便決定飲用蓖麻子油。N醫生說可以喝到五十公克，便將蓖麻子油滿滿倒入比一般飯碗大一些的五郎八茶碗中。

我一度睡著，卻因為胸悶而再次醒來。

我睡醒時正是黃昏時分。籠罩著櫻島的暮色瞬息萬變。從國分到加治木一帶的山谷整個隱身在白霧之下，泡溫泉療養的旅客、身穿白色浴衣的身影則消失在流水旁的事物或草叢裡，我目不轉睛地看著這一切。

時間來到夜晚十一點左右，旅社的老人過來告訴我：「大隅的市來先生已經從牧園來到山裡了。」市來老師是我中學時代唯一的恩師。

「我想立刻去拜見老師，但身體虛弱只能臥床，雖然失禮，還是想請老師移駕過來。」我請年邁的員工幫忙轉達，但當時已經太晚了，所以那天晚上我沒能見到市來老師。

隔天我們和市來老師一起到處尋找硫黃溫泉、明礬溫泉等各種泉水。那裡相當原始，終究是東京近郊溫泉區看不到的景象。旅客們在這裡暫住的日子裡，大多是自己煮食。用薄木板搭蓋屋頂、日漸傾倒的古老溫泉旅社，給人一種山中溫泉特有的沉靜感。泡溫泉療養的旅客沿著山谷撿拾木柴，用山裡的水洗米。

「一心一意敬愛神，因此捨棄教會」的市來老師嘗遍人生苦難，已經二十年不見的他此刻正走在我前方。他現在拋下家人，和一位女性一起待在大隅這個小城，過著老師自己從來不曾預料到的生活。

想到市來老師從大隅最南端翻山越海來到霧島找我，我就感動得不知道該說什麼，就這樣，我們幾乎什麼也沒說。

月光映照在霧島的山谷。明月與繁星都閃耀著我從未見過的美麗光芒；月亮那彩虹般的光暈高掛在惡魔深淵般的廣闊天空。

山腳下的原野與山谷也籠罩在一片霧海中，月光映照著那片濃霧。

我們和市來老師聊天聊到天亮，聊到中學時代住在市來老師家裡的 M 在歐洲航程中死去，還有T的弟弟自殺的話題。

隔天早上，市來老師下山回大隅去了。山腳下，山谷裡再度雲霧繚繞。只有山頂冒出頭來，就像群島一樣飄浮在雲海中。雲海下，老師的車正往山下開去。

下午，我們決定爬上韓國岳，它是霧島第一高峰。過了榮之尾溫泉旅社後，山路突然變得十分陡峭。一位嚮導為我們帶路，我們走過三、四人才能合抱的日本榧樹、猿猴楓與赤松等植物繁茂生長的原生林，因此我們必須步行長達一里的距離。山中雖然林木茂盛，但仍然十分明亮。不知名的小鳥一邊鳴唱，一邊在樹梢間飛來飛去。葉片光芒璀璨，讓我們看得出神，便在此短暫駐足。在那裡，就連路旁一株羊齒蕨的葉片都牢牢抓住我們的目光，炫麗奪目、清香宜人。松鴉和黃鶯的叫聲伴隨溪谷傳來的聲響，不絕於耳。倒下的樹木巨大的身軀橫躺在林間，每次跨越時我們都會用手和臉頰碰觸樹幹上的冰涼苔蘚。

霧氣在樺木林中悄然無聲地散去，我們摘了些野莓來吃。

穿過原生林後，山景突然開闊了起來，那裡柔嫩的草葉在曠野中得以盡情享受八月的陽光。

黃鶯的叫聲從杜鵑花和齒葉溲疏之間，彷彿順著草叢的光線流轉而來。

「看到大浪池了！」男嚮導大喊。以韓國岳為背景，千年原生林包圍的寬大火山口凝聚了海拔五千尺的雲與霧，在碧綠的大浪池中滿溢。在周長二里、令人心生絕望的森林環繞的山頂水池，在千尺山崖下一邊輕撫著萬古的聖泉，白天棲身於深藍色天空下，懸浮在露出山頂的白雲上；夜晚大概會吞沒銀河的倒影，掩蓋明月的亮光吧！

這番景象何等神聖壯麗、何等寂寞靜謐！雲霧繚繞間，韓國岳的翠綠山頂探出頭來，白雲在大浪池裡留下銀白色倒影，接著又舔舐著高原上的嫩草，一邊往山谷飄落。

韓國岳的山影和天空的倒影交錯之處，一縷銀線將池水一分為二，水波在半片池水中發出微弱的聲響。

我從來不曾見過如此閒靜、優美的山中池水。它太過神聖，不容人類接近。我甚至思忖著，這是神為了讓天空、繁星與白雲的倒影有個棲身之所，才創造這座池水。

我們爬下山崖，站在池邊。有隻名叫五郎的狗艱難地跟著嚮導到來，牠最先跳進池中，接下來我們在池邊大約一個多小時的時間裡，牠就只是蹲坐在水中突出的岩石上一動也不動。我覺得非常有趣，一直觀察受到池中靈氣衝擊的五郎。

布穀鳥一邊鳴叫，在池面上輕拂而過。隔了應該有七、八百公尺的對岸，從峭壁的古林裡傳來響徹山間、有如笛聲的哀戚曲調，那是樹蛙的叫聲。不知道該說是莊重或是森嚴，這是人類難以仿效的大自然交響樂，我內心感動不已，在草叢中跳起舞來。

我們趴在岩石上喝起池水，聖泉指的大概就是這種泉水吧！

山間與池水水面都籠罩在雲層裡，我們爬下微暗的山路。男嚮導聊起一些傳說。據說許久以前，日向一家大型酒商的美麗女孩跳進大浪池，成為這座池的主人。

那天是中秋節，夜裡的明月如水一般澄淨。我捨不得睡，便在溪谷邊漫步到半夜。我想像映照在大浪池的月色之美，眺望著天空。在這裡，明月與繁星全都在廣闊天空中探出頭來，並非平面，而是成為一個球體，在空間裡燃燒。

櫻島、加治木都在月光下描繪出淡彩色的畫。

突然有人叫住我，原來是牧園村長M先生。M先生的風采樣貌正如霧島的大自然一樣質樸平實，讓人感受到無限的溫暖。

M先生一群人在月下喝著此處特產的燒酒。

在明月高照的夜裡互相敬著燒酒，載歌載舞的平凡生活，讓我想起蘇格蘭詩人羅伯特・伯恩斯（Robert Burns）的詩中描寫的蘇格蘭人的生活。

在長者眼中擁有優良風俗且剛毅的鹿兒島男性，想來是在此處的山海之中純樸的燒酒聚會期間培養出的氣概吧！

月光映照著霧海、照耀著群山。仔細傾聽，應該會聽到我們從幽暗森林的深處、濃密霧海的底部喝著燒酒，吟唱哀傷的歌謠。

隔天下午我們必須前往鹿兒島，我再次造訪大浪池。

和山裡的人道別後，我們坐上汽車。每當汽車在紅土道的陡峭下坡開到狹窄彎道時，我們就感覺腋下滲出冷汗。

開了四里的山路下山到達牧園時，黃昏的天色映照在放牧馬匹的背上，搖搖晃晃的。竹林圍繞的小農舍、夾道的苦楝樹下的巡迴馬車等，這些景象，讓我深深感覺像是來到遙遠的南國旅行。

年輕站員正在講電話，言談就像女性一樣溫柔。孩子們圍著泉水取水。

離開國分不久就看到一處名為隼人塚的遺跡。沿著鐵路微微隆起的高丘上有兩座墳墓，另外還有看起來像是盔甲武士的石像並排而立。墳墓建成一整塊的形狀，相當龐大。男嚮導說，傳說過去出征討伐熊襲時，為了令他們的靈魂得以安息，才蓋了這座墳。

月光照亮了薩摩潟。以櫻島為背景的薩摩潟之月，比起我在須磨看到的月亮還要沉穩、孤清。我眺望著櫻島，想起芭蕉最終還不曾到過薩摩潟就死了，又想起明治時期的武士西鄉隆盛和僧侶月照在此處相擁投海的故事。看到鹿兒島沿海的街道燈光忽明忽滅的剎那，突然感覺自己真的在遙遠的異鄉旅行了好久，一股寂寞的情緒在胸口湧現，讓我幾乎就要落淚。

我們從鹿兒島站前往山下的薩摩屋別墅時，看見鹿兒島街頭夜晚的情景。穿著白色浴衣的人群在石牆眾多的街道上走著。每間水果店都掛著連根的香蕉。切成兩半的大西瓜和甜瓜，許多水果都讓人感受到南國的風情。

聽說旅館過去是日本氏族島津公的茶亭，但蓋得十分素雅。

柚子樹的葉片圍著蓮花池茂盛地生長。枕邊的池水中，青蛙整夜不停鳴叫。

這附近會把木材薄片彎折成圓形，製作成較深的容器，其中一個功用是當作茶盤，一個個蓋上蓋子，看起來很有古典的韻味。我們一邊受到蚊子騷擾，一邊賞月到天亮。

隔天，縣廳的M先生帶我們參觀海岸別邸與集成館。集成館中有島津家在維新前就已經運來的十八呎轉盤和紡織機器，還有在這裡生產出來、極為優質的玻璃工藝品，以及所謂的古代薩摩燒等製品。因為現今的集成館所在地過去曾是紡織工廠，整棟集成館就是直接用紡織工廠改造而成的。

島津家的文化比起當時其他藩國先進許多，其中的差距讓我們忍不住發出連聲驚嘆。西鄉隆盛號南洲，因此後人稱他「南洲翁」。他所屬部下的墓開放時，我看到一些看似是十四、十五歲少年的墓。南洲翁的偉大人格，還有值得託付的人性之美令我感動得幾乎落淚。

在南洲翁的墓後方的導覽館中，我們看到於會津戰爭裡戰死的薩摩武士護身符袋。袋裡放的是井筒屋女店員寫給武士的信或照片，在京都長期駐守時，武士會拿出來翻看無數次。

那裡還放了名為天吹的竹樂器，和尺八這種木管樂器有點像，只是小一點。據說古時候武士會把它帶上戰場，它的樂音也和尺八相近，但更為哀戚。我忍不住想像，包含南洲翁在內的薩摩武士竟然如此情感豐沛。

這趟旅程中最讓我印象深刻的，就是眺望黃昏的天空下被染成薔薇色的櫻島，還有城山的墓園。城山於九月二十四日的拂曉時分失守。根據紀錄，那時的二十一日應該是滿月，那麼二十三日晚上多半也是個美麗圓月高照的夜晚吧！我想像武士脫下弄髒的軍服，換上全新薩摩特有的木棉織物，在明月照耀下俯瞰他們誕生的城鎮，決心赴死的景象，這一段歷史，可說是繼壇之浦悲歌之後，又一則淒美的詩篇。

離開鹿兒島後，我們來到人吉，接著開車打算在球磨川沿岸的森林溫泉住宿。靠著車窗，可以看到球磨川的水流就在十尺之下，這裡也有已過春天仍在啼叫的黃鶯，夜鷺不停朝逆流的方向飛去。聽說溫泉的設備極佳，今日一看，果然如傳言一樣，溫泉的景致也很優美。

我們在人吉下火車，唯一的目的就是從球磨川乘船而下。

我們從旅社正後方搭上輕舟。船槳架在船首，只有二十歲的船夫和看起來像是他弟弟的十幾歲男孩搖著船槳，撐著船篙。除了我們的船，還有另一艘船以和我們差不多的速度順流而下。

斷崖絕壁的山上有翠綠的柳杉林，林裡有隻雪白的白鷺鷥正沐浴在早晨的陽光下。

每當船下到急流時，船頭就會沉入銀潭之中，那個當下人人都大呼爽快。船隻輕巧地在岩石與岩石之間的狹窄湍流穿梭，如箭一樣急馳。

崖邊有房屋、有小路。偶然遇見村裡趕馬的女孩，船上的人在急流中抬頭朝山路喊叫，女孩們也有所回應。

船夫轉頭朝我們大喊途經的景點名，有一勝地、舅落和清正公等。

在槍倒岩這個地方順流前行時最為愉快。流水侵蝕岩石的根部，正好形成有如垂直剖開一半的隧道，小船就在長長的岩石間隨著急流行駛。當年人吉的城主相良氏也必須將長槍倒放才能通過，因此才有這樣的稱呼。

八月的天空在巍巍矗立的山與山之間露出一小部分，剩下能看到的，就只有奇岩與銀湍了。朝急流而下時，好幾次被飛濺的水沫淋上全身，讓人無比痛快。船家拴起有如南宗畫裡的輕舟、釣客在急流釣香魚，一幕幕都如風景畫。

從樹林到白石大約六里，要花三個小時的航程。船到白石後流水就在此滯留，河流一下開闊起來。輕舟鼓起白帆，在碧水間逆流而至。

我們從白石搭上火車，沿著球磨川前往熊本。

從車窗望出去，去年我曾到訪的雲仙嶽隔著有明海就在我們眼前，山上雲霧繚繞。妻子有位相當於嬸嬸的親人離開江戶搬去天草居住。我們聊著那位命運多舛的老人，一邊眺望天草。

我們要等前往阿蘇的宮地線火車，便在熊本站下車，並利用等車的時間去水前寺走走。

水前寺的流水水量和我記憶中二十年前相比，現在看起來乾涸了不少；我對那裡的茶亭印象不太好。

我在熊本站附近的幾間店家走走看看，結果一改心中在水前寺感受到的負面印象。這裡的人都很親切，每家店裡都親切招呼客人，讓我感受到身為旅人的愉悅。

在鹿兒島，我感受到人心格外溫暖；在熊本，我也感受到人心之美。

火車過了熊本後，不久便行駛到阿蘇的高原地帶。夾道的古老柳杉，和閃耀的菸草田和高原之間連綿相接。

令人瞠目結舌的巨大菸柱連綿不絕地在高原的邊際冉冉升起；天空有如熊熊燃燒的火焰般耀眼。

「阿蘇到了！」我們打開車窗，眺望這個巨人的模樣。

我們在立野下火車，剩餘一里多懸崖邊的險路必須改搭人力車才能通行。

我們抵達栃之木溫泉這個深谷中的溫泉旅社時，天色已經有些暗了下來。

這裡還是相當原始的溫泉區，也有很多自炊的旅客，馬背上載運過來的幾捆矮竹都堆在旅社前。這些馬都還是小馬，卻都很聽話。有些女人牽了兩匹馬，其中還有幼馬。也有些人同時牽著牛和馬過來。

還有些年老的女性來到旅社下方的溪谷撿拾木柴。

溫泉旅社在幽深的山谷包圍下，從窗戶往外望去只能看到一小塊天空。入夜後，樹蛙開始鳴叫。

到了暮蟬開始鳴叫的時間，旅社裡的人就走到河原去玩。

天亮後，我們才得以從窗下的流水看到有明的月影。山谷太深，我們只能看到一部分月亮和星星。

昨天我又病了。今天來了位年輕醫生，他從距離只有一里半的阿蘇醫院騎馬過來。聽說年輕醫生去年從都會區搬到阿蘇的高原地來。山裡各戶人家都離得很遠，因此出診去看一位患者就要花三個小時。

他很親切，一直和我們聊天。此處傍晚的風，比秋天還要冷。

◎作者簡介

吉田紘二郎・よしだ げんじろう

一八八六——一九五六

小說家、隨筆家，本名吉田源次郎，出生於佐賀縣，早稻田大學文學部英文科畢業，曾任早稻田大學教授。吉田紘二郎在一九一六年時，於《早稻田文學》上發表了一篇以長崎縣對馬市為背景的短篇小說〈島嶼之秋〉，成為他在文壇的初試啼聲之作。他以充滿感性的筆調，寫成感懷自然與人生的隨筆集《小鳥來的日子》，廣受當時的青少年歡迎，是大正時期的超級暢銷書。此外，吉田紘二郎還有劇本及童話等作品。

由於他曾受洗為基督徒，因此在作品中不時可看到反映基督教和聖經思想的內容。

小感日常14

和日本文豪一起來趟小旅行

十勝瀑布、小諸城遺跡、北海道田野、栃木山景、群馬溫泉……漫步隱藏版迷人景點

作　　者　林芙美子、島木健作、岩野泡鳴、田山花袋、島崎藤村、岡本綺堂、德田秋聲、若杉鳥子、芥川龍之介、橫光利一、吉田絃二郎

譯　　者　林佩蓉、張嘉芬

策　　劃　好室書品

特約編輯　陳靜惠、盧琳、張嘉芬

校對協力　簡語謙

封面設計　何仙玲

內頁排版　洪志杰

發 行 人　程顯灝

總 編 輯　呂增娣

編　　輯　吳雅芳、簡語謙、洪瑋其、藍匀廷

美術主編　劉錦堂

美術編輯　吳靖玟、劉庭安

行銷總監　呂增慧

資深行銷　吳孟蓉

行銷企劃　羅詠馨

發 行 部　侯莉莉

財 務 部　許麗娟、陳美齡

印　　務　許丁財

出 版 者　四塊玉文創有限公司

總 代 理　三友圖書有限公司

地　　址　一〇六台北市安和路二段二一三號四樓

電　　話　(02) 2377-4155

傳　　真　(02) 2377-4355

電子郵件　service@sanyau.com.tw

郵政劃撥　05844889 三友圖書有限公司

總 經 銷　大和書報圖書股份有限公司

地　　址　新北市新莊區五工五路二號

電　　話　(02) 8990-2588

傳　　真　(02) 2299-7900

製版印刷　卡樂彩色製版印刷有限公司

初　　版　二〇二〇年七月

定　　價　新台幣二九〇元

ＩＳＢＮ　978-986-5510-17-6（平裝）

國家圖書館出版品預行編目 (CIP) 資料

和日本文豪一起來趟小旅行：十勝瀑布、小諸城遺跡、北海道田野、栃木山景、群馬溫泉……漫步隱藏版迷人景點 / 林芙美子等著；林佩蓉、張嘉芬譯 .-- 初版 .-- 台北市：四塊玉文創，2020.07　面；　公分 .-- (小感日常；14)

ISBN 978-986-5510-17-6(平裝)

1. 旅遊文學 2. 日本

731.9　　109005203

廣　告　回　函
台北郵局登記證
台北廣字第2780號

地址：　　　　縣/市　　　　鄉/鎮/市/區　　　　路/街

段　　巷　　弄　　號　　樓

SANYAU

三友圖書有限公司　收

SANYAU PUBLISHING CO., LTD.

106　台北市安和路2段213號4樓

SANYAU
三友圖書
讀書俱樂部

「填妥本回函，寄回本社」，即可免費獲得好好刊。

粉絲招募歡迎加入
臉書／痞客邦搜尋
「四塊玉文創／橘子文化
食為天文創
三友圖書－微胖男女編輯社」
加入將優先得到出版社
提供的相關優惠、
新書活動等好康訊息。

四塊玉文創╳橘子文化╳食為天文創╳旗林文化
http://www.ju-zi.com.tw
https://www.facebook.com/comehomelife

【黏貼處】對折後寄回，謝謝。

親愛的讀者：

感謝您購買《和日本文豪一起來趟小旅行：十勝瀑布、小諸城遺跡、北海道田野、栃木山景、群馬溫泉……漫步隱藏版迷人景點 》一書，為感謝您對本書的支持與愛護，只要填妥本回函，並寄回本社，即可成為三友圖書會員，將定期提供新書資訊及各種優惠給您。

姓名＿＿＿＿＿＿＿＿＿＿ 出生年月日＿＿＿＿＿＿＿＿＿＿

電話＿＿＿＿＿＿＿＿＿＿ E-mail ＿＿＿＿＿＿＿＿＿＿

通訊地址＿＿＿＿＿＿＿＿＿＿＿＿＿＿＿＿＿＿＿＿

臉書帳號 ＿＿＿＿＿＿＿＿＿＿ 部落格名稱＿＿＿＿＿＿＿＿＿＿

1 年齡
□ 18 歲以下 □ 19 歲～ 25 歲 □ 26 歲～ 35 歲 □ 36 歲～ 45 歲 □ 46 歲～ 55 歲
□ 56 歲～ 65 歲□ 66 歲～ 75 歲 □ 76 歲～ 85 歲 □ 86 歲以上

2 職業
□軍公教 □工 □商 □自由業 □服務業 □農林漁牧業 □家管 □學生
□其他 ＿＿＿＿＿＿

3 您從何處購得本書？
□網路書店 □博客來 □金石堂 □讀冊 □誠品 □其他 ＿＿＿＿＿＿
□實體書店 ＿＿＿＿＿＿

4 您從何處得知本書？
□網路書店 □博客來 □金石堂 □讀冊 □誠品 □其他 ＿＿＿＿＿＿
□實體書店 ＿＿＿＿＿＿
□ FB(四塊玉文創 / 橘子文化 / 食為天文創 三友圖書－微胖男女編輯社)
□好好刊 (雙月刊) □朋友推薦 □廣播媒體 ＿＿＿＿＿＿

5 您購買本書的因素有哪些？（可複選）
□作者 □內容 □圖片 □版面編排 □其他 ＿＿＿＿＿＿

6 您覺得本書的封面設計如何？
□非常滿意 □滿意 □普通 □很差 □其他 ＿＿＿＿＿＿

7 非常感謝您購買此書，您還對哪些主題有興趣？（可複選）
□中西食譜 □點心烘焙 □飲品類 □旅遊 □養生保健 □瘦身美妝 □手作 □寵物
□商業理財 □心靈療癒 □小說 □其他 ＿＿＿＿＿＿＿＿＿＿

8 您每個月的購書預算為多少金額？
□ 1,000 元以下 □ 1,001 ～ 2,000 元 □ 2,001 ～ 3,000 元 □ 3,001 ～ 4,000 元
□ 4,001 ～ 5,000 元 □ 5,001 元以上

9 若出版的書籍搭配贈品活動，您比較喜歡哪一類型的贈品？（可選 2 種）
□食品調味類 □鍋具類 □家電用品類 □書籍類 □生活用品類 □ DIY 手作類
□交通票券類 □展演活動票券類 □其他 ＿＿＿＿＿＿

10 您認為本書尚需改進之處？以及對我們的意見？
＿＿＿＿＿＿＿＿＿＿＿＿＿＿＿＿＿＿＿＿

感謝您的填寫，

您寶貴的建議是我們進步的動力！

【黏貼處】對折後寄回，謝謝。